MADAME AMERICA

100 clés pour comprendre Hillary Clinton

Richard Hétu ★ Alexandre Sirois

MADAME AMERICA

100 clés pour comprendre Hillary Clinton

LES ÉDITIONS **LA PRESSE**

Catalogage avant publication de Bibliothèque et Archives nationales du Québec et Bibliothèque et Archives Canada

Hétu, Richard, 1962-
Madame America: 100 clés pour comprendre Hillary Clinton

ISBN 978-2-89705-382-6

1. Clinton, Hillary Rodham. 2. États-Unis-Politique et gouvernement-2009-. 3. Candidates à la présidence-États-Unis. I. Sirois, Alexandre, 1974-. II. Titre.

E887. C55H47 2015   973. 93092   C2015-940550-5

Présidente : Caroline Jamet
Directeur de l'édition : Jean-François Bouchard
Directrice de la commercialisation : Sandrine Donkers
Responsable gestion de la production : Carla Menza
Communications : Marie-Pierre Hamel

Éditeur délégué : Yves Bellefleur
Direction artistique et recherche photo : Philippe Tardif
Graphiste : Célia Provencher-Galarneau
Révision linguistique : Élise Tétreault
Correction d'épreuves : Michèle Jean

Photo de la couverture : Fadi Al-Assaad/Reuters
Photos en quatrième de couverture : Marco Campanozzi

L'éditeur bénéficie du soutien de la Société de développement des entreprises culturelles du Québec (SODEC) pour son programme d'édition et pour ses activités de promotion.

L'éditeur remercie le gouvernement du Québec de l'aide financière accordée à l'édition de cet ouvrage par l'entremise du Programme de crédit d'impôt pour l'édition de livres, administré par la SODEC.

Nous remercions le Conseil des arts du Canada de l'aide accordée à notre programme de publication.

Financé par le gouvernement du Canada
Funded by the Government of Canada

LES ÉDITIONS **LA PRESSE**
Les Éditions La Presse
7, rue Saint-Jacques
Montréal (Québec)
H2Y 1K9

TABLE DES MATIÈRES

Hillary Rodham Clinton à l'assaut de l'ultime plafond de verre.

« Il est plus que temps que les femmes prennent
la place qui leur revient, côte à côte avec les hommes,
dans les lieux où sont décidés le sort des peuples,
de leurs enfants et de leurs petits-enfants. »

INTRODUCTION

«Hillary est notre reine.» Cette déclaration de loyauté est inscrite sur une pancarte brandie par une jeune fille, aux abords d'une ferme de l'État de New York où la première dame des États-Unis s'apprête à lancer une campagne historique pour l'obtention d'un siège au Sénat américain.

En ce matin ensoleillé de juillet 1999, les regards du monde entier sont tournés vers cette ferme, qui appartient au sénateur sortant de New York, Daniel Patrick Moynihan. Quelque 200 journalistes américains et étrangers y ont convergé pour témoigner de ce nouveau chapitre dans la vie d'Hillary Rodham Clinton. Car cette «reine» aspire à devenir la première femme d'un président à entrer dans le plus sélect des clubs américains – le Sénat –, tremplin de plusieurs candidatures à la Maison-Blanche.

L'histoire est d'autant plus irrésistible que sa protagoniste se relève à peine de l'affaire Monica Lewinsky, du nom de la stagiaire aux lèvres pulpeuses avec laquelle son mari a failli détruire son mariage et sa présidence. L'humiliation a été grande pour la première dame, mais elle n'a pas entamé son prestige international.

«Hillary Clinton est une personnalité mondiale», dit Martin Kettle, correspondant du quotidien londonien *The Guardian*, rencontré dans cette ferme entourée de collines vertes. Son collègue Yoichi Kato, correspondant du *Asahi Shimbun*, le plus grand quotidien du Japon, le confirme: «Elle a décidé d'encaisser l'affaire Lewinsky sans trop broncher. Sa réaction a suscité une grande curiosité chez les Japonaises, qui se demandent ce qu'elle nous réserve.»

Elles ne sont pas seules.

Et voici qu'Hillary apparaît devant les journalistes et quelques citoyens locaux, vêtue d'un élégant tailleur-pantalon marine, un sourire au coin des lèvres. «Je suppose que tout le monde se pose la question», lance-t-elle d'emblée, debout devant un micro sur pied planté au milieu d'un chemin de terre battue. «Pourquoi le Sénat, pourquoi New York et pourquoi moi?»

Seize mois plus tard, Hillary réussissait son pari, devenant la première première dame des États-Unis élue sénatrice.

Nous étions présents dès le début du parcours électoral de cette femme, dans cette ferme perdue au milieu de l'État de New York. Et nous avons couvert plusieurs autres chapitres de sa carrière politique. Que ce soit en tant que correspondants à New York ou à Washington, ou comme reporters envoyés aux quatre coins des États-Unis.

Nous l'avons vue, acclamée par des militants survoltés, lors de la convention démocrate de Boston en juillet 2004, celle qui a officialisé la candidature à la Maison-Blanche du sénateur du Massachusetts John Kerry. Elle n'a sans doute pas remporté la palme du discours le plus mémorable – cette distinction revient à un certain Barack Obama –, mais sa seule présence sur la scène du FleetCenter avait électrisé la foule.

Nous l'avons vue au bord des larmes à Portsmouth le 7 janvier 2008, à la veille des primaires du New Hampshire, dont elle allait sortir gagnante à la surprise générale. Malheureusement pour elle, cette victoire ne devait pas lui suffire pour vaincre Barack Obama et créer un autre précédent en devenant la première femme à remporter l'investiture d'un des grands partis américains pour la présidence. Mais ce n'était que partie remise.

Le chapitre le plus important de la vie d'Hillary reste d'ailleurs encore à écrire. En tentant à nouveau de reconfigurer l'histoire de son pays, la démocrate redevient le point de mire de la planète. Et elle continue à soulever des questions, nouvelles ou familières. Pourquoi la Maison-Blanche? D'où lui vient cette ambition tenace? Que ferait-elle du pouvoir? Comment expliquer la durabilité de son mariage? Qui est-elle, au fond?

Hillary Rodham Clinton aime dire qu'elle est probablement «la personne la plus célèbre que vous ne connaissez pas vraiment». Il y a du vrai dans cette formule. Il y a là aussi un véritable casse-tête, que nous vous proposons de résoudre... en 100 morceaux. Cent morceaux qui représentent ce que nous avons appris au fil des ans sur celle qui veut devenir le 8 novembre 2016 la femme la plus puissante du monde.

Ce jour-là, la jeune fille qui tenait une pancarte aux abords de la ferme du sénateur Moynihan le 7 juillet 1999 aura peut-être l'occasion de célébrer le triomphe de sa «reine».

QUELLE FAMILLE !

« J'ai grandi dans une famille qui semblait sortir tout droit de la série télévisée Papa a raison des années 1950. »

 ★ **1** ★

La mère d'Hillary, Dorothy Rodham, a connu une enfance misérable qui a mis à l'épreuve sa résilience. Un trait dont sa fille Hillary héritera.

Un jour de 1927. Un train de voyageurs roule vers la Californie, transportant deux fillettes sans escorte. Dorothy, âgée de huit ans, veille sur sa sœur, Isabelle, de cinq ans sa cadette. «Que deviendra notre vie à l'autre bout du continent?» se demande-t-elle, l'estomac noué, en regardant défiler par la fenêtre les paysages de l'Illinois, son État natal.

Plus tôt dans la journée, leurs parents ont embarqué les fillettes dans ce train, les expédiant de Chicago comme autant de colis vers la maison de leurs grands-parents paternels, à Alhambra, près de Los Angeles. Edwin Howell et Della Murray viennent de divorcer, un scandale à l'époque. Pompier de son métier, Edwin avait 17 ans au moment de la naissance de Dorothy. Della en avait 15.

Dorothy reçoit un accueil glacial en Californie, où elle vivra pendant dix ans sans jamais voir sa mère. Sa grand-mère Emma, toujours vêtue de noir, a envers elle un comportement digne d'une marâtre de conte de fées. Elle ne se contente pas de lui imposer une multitude de règles et de corvées, elle prend aussi plaisir à la ridiculiser, traitement dont elle n'épargne pas la petite Isabelle et dont son mari, un ancien militaire, ne semble pas se formaliser.

La cruauté d'Emma atteint son apogée un soir d'Halloween. Furieuse de découvrir que Dorothy a rapporté à la maison des friandises, elle la confine à sa chambre pendant une année complète, ne la laissant sortir que pour aller à l'école. Élève studieuse et curieuse, la petite Dorothy a au moins la chance de pouvoir s'évader dans la lecture, le soir venu.

Son calvaire prend fin six ans plus tard. À 14 ans, elle va vivre dans une autre famille californienne qui la loge et la nourrit en échange de son aide auprès de deux jeunes enfants. Son travail de gardienne l'empêche de participer aux activités parascolaires qui l'intéressent, comme le théâtre et l'athlétisme. Mais son séjour au sein de cette famille aimante et accueillante lui redonne confiance et lui fournit des leçons sur la façon de gérer un foyer qu'elle n'oubliera pas.

Après avoir terminé ses études secondaires, Dorothy songe à s'inscrire à l'université, en Californie, lorsque sa mère Della se manifeste pour la première fois en dix ans. Elle vient de se remarier à Max Rosenberg, un homme d'affaires prospère, et veut que sa fille vienne la rejoindre à Chicago. Pour achever de convaincre Dorothy, Della lui promet qu'elle et son mari assumeront les frais de ses études à l'Université de Chicago.

Dorothy finit par accepter l'invitation, portée par l'espoir intime d'être enfin aimée par cette mère qui l'a abandonnée. Amère et cruelle déception : Della et son mari ne respectent pas leur promesse. Plutôt que de l'inscrire à l'université, ils envoient Dorothy dans une école de secrétariat. Della insiste même pour que sa fille serve de domestique au couple. N'est-elle pas logée et nourrie gratuitement?

Se sentant trahie, Dorothy quitte Della et son mari. Elle se loue un petit appartement et commence à travailler comme employée de bureau, cinq jours et demi par semaine pour 13 $. Ce parcours malheureux contribuera à sa rencontre avec son futur mari, Hugh Rodham, qui la remarquera sur son lieu de travail. Mais elle devra attendre la soixantaine avant de s'inscrire à l'université. Son champ d'études: la psychologie et le développement de l'enfant.

Dorothy Emma Howell Rodham ne s'est pas ouverte à sa fille sur les détails de son enfance malheureuse avant que celle-ci ne l'interviewe pour son premier livre–*Il faut tout un village pour élever un enfant*–paru en 1996.

Dans *Mon histoire*, son autobiographie publiée en 2003, Hillary revient sur ces années difficiles: «Je m'étonne toujours que, malgré la solitude qui accompagna ses premiers pas dans la vie, ma mère ait pu devenir une femme aussi aimante et équilibrée.»

★ **2** ★

Hillary Rodham Clinton a des racines québécoises.

Et des liens de parenté avec Justin Trudeau et Céline Dion! Elle ne l'a jamais crié sur les toits, certes. Mais elle a bel et bien reconnu dans son autobiographie que sa grand-mère maternelle «avait des origines franco-canadiennes, écossaises et amérindiennes». Née en 1902 à Aurora, dans l'Illinois, celle-ci a été baptisée sous le nom de Della Murray. Les généa-logistes n'ont pu confirmer ses origines autochtones, mais ils ont réussi à retracer ses tout premiers ancêtres en Nouvelle-France. Ils avaient pour nom Gagné, Rozée, Godé, Gadois, Lemaire, Boucher, Gagnon, Gaulthier, Guyon et Robin.

La plupart de ces vaillants émigrants étaient originaires du Perche, ancienne province française enclavée entre la Normandie au nord, le Maine à l'ouest, le Vendômois au sud et la Beauce à l'est. Répondant à l'appel de Robert Giffard, médecin et apothicaire de Mortagne devenu seigneur de Beauport en 1634, ils ont quitté leur pays natal pour aller s'établir dans la vallée du Saint-Laurent, où ils se sont multipliés comme des lapins.

Et c'est ainsi qu'Hillary peut aujourd'hui revendiquer des ancêtres communs avec plusieurs personnalités d'ascendance canadienne-française, et non les moindres. Figurent dans son lignage les anciens premiers ministres du Canada Pierre Elliott Trudeau et Jean Chrétien ainsi que plusieurs artistes de renom, dont l'écrivain Jack Kerouac, l'actrice Angelina Jolie et un trio de chanteuses épatantes – Madonna, Alanis Morissette et Céline Dion.

Mais elle ne devrait pas trop se vanter de l'éclat de sa parenté franco-canadienne, selon le généalogiste américain Christopher Child, qui a reconstitué l'arbre généalogique de trois candidats présidentiels en 2008, dont Hillary Clinton.

« C'est très commun ! » lance l'expert de la Société généalogique de la Nouvelle-Angleterre sur un ton amusé, en faisant allusion aux liens familiaux d'Hillary. « Car on parle d'un nombre restreint de familles qui ont eu des familles très nombreuses. En fait, Hillary Clinton est probablement liée à moins de personnes d'ascendance canadienne-française que la personne d'ascendance canadienne-française moyenne. Cela tient au fait que certains de ses ancêtres issus de la Nouvelle-France se sont rapidement installés au Michigan. »

Christopher Child parle des Gaudet et des Campeau, deux familles présentes dans la région de Detroit au début du 18e siècle et dont sont issus les arrière-grands-parents maternels de Della Murray. Cette dernière a eu pour grand-père maternel un natif de France, Antoine Martin, mais elle doit à sa grand-mère maternelle, Mary Anne Frances McDougall, ses origines franco-canadiennes.

Grâce à elle, Hillary pourrait créer un précédent de plus si elle devenait la première femme à se faire élire à la présidence des États-Unis. Selon Christopher Child, il s'agirait de la première fois que le lignage de celui ou celle qui occupe la Maison-Blanche remonte à la Nouvelle-France. Lors de sa première rencontre avec le premier ministre du Canada Justin Trudeau, elle pourrait ainsi briser la glace en évoquant avec lui l'ancêtre qu'ils partagent avec Céline Dion et Madonna. Selon Christopher Child, il s'agit de Pierre Gagné. Né à Igé en 1610, ce brave Percheron a épousé en France Marguerite Rozée, née cinq ans après lui en Sarthe. Il s'est éteint en 1656 à Sainte-Anne-de-Beaupré.

Comme eux, Angelina Jolie possède plusieurs ancêtres percherons, mais, nous apprend Child, elle est cousine au neuvième degré avec Hillary grâce à Jean Cusson dit Caillou, un colon né en Normandie et mort à Saint-Sulpice en 1718.

Mais il ne faut pas s'attendre à ce qu'Hillary chante ses racines franco-canadiennes. Pourquoi? La réponse se trouve sans doute dans le portrait peu flatteur qu'elle brosse de sa grand-mère maternelle dans son autobiographie : « Le père de ma mère est mort en 1947. Je ne l'ai donc pas connu. En revanche, j'ai connu ma grand-mère, Della, une femme faible et égoïste, qui vivait dans un univers de séries télévisées totalement déconnecté de la réalité. »

Aïe.

Il y a deux Hugh Rodham : celui présenté par sa fille indulgente et celui décrit par des biographes beaucoup moins complaisants.

Les deux se recoupent en plusieurs points importants. De l'avis général, Hugh Rodham, né dans la ville minière de Scranton, en Pennsylvanie, était un bosseur doublé d'un homme d'affaires avisé. Après avoir servi pendant la Seconde Guerre comme sergent instructeur de la marine, il a ouvert à Chicago une petite entreprise de draperies, fournissant hôtels, banques, théâtres et compagnies aériennes. En 1950, il avait amassé assez d'argent pour réaliser un de ses rêves : acheter une belle maison à deux étages à Park Ridge, banlieue aisée de Chicago, et stationner sa Cadillac flambant neuve devant l'entrée de garage. Il a payé la maison comptant, se méfiant du crédit comme de la peste.

Conservateur pur et dur, il prêchait l'autonomie et pestait contre les syndicats, les impôts trop élevés et la plupart des programmes d'aide gouvernementaux. Pendant les campagnes présidentielles, il forçait sa fille, Hillary, et ses deux fils, Hugh Jr. et Tony, à regarder les conventions républicaines à la télévision. Mais quand venait le tour des démocrates de tenir leurs conventions, il interdisait à quiconque d'allumer le téléviseur. Jeune, sa fille s'est imprégnée de ses valeurs politiques, devenant même une «Goldwater Girl». À ce titre, elle s'est jointe au groupe de jeunes femmes qui ont fait campagne en 1964 pour le candidat présidentiel du Parti républicain, Barry Goldwater, sénateur ultraconservateur de l'Arizona dont Hugh était un grand admirateur.

Il était un père autoritaire, peu porté sur les compliments et encore moins sur les gestes d'affection. Quand sa fille revenait à la maison avec un bulletin rempli de notes parfaites, il était du genre à se plaindre que son école était trop facile. Cela dit, il était moderne sur au moins un point : comme sa femme, il nourrissait de grands espoirs pour Hillary et refusait de croire que son sexe puisse être un obstacle à ses ambitions.

Hillary a idolâtré son père, qui l'a sans doute traitée mieux que tous les autres membres de sa famille. Étant de son propre aveu un garçon manqué à l'époque, elle a appris de lui à jouer au baseball et au football, entre autres sports. Et elle a engagé avec lui mille débats politiques qui n'intéressaient aucunement ses frères. Mais elle a quand même idéalisé celui qu'elle appelait « Pop-pop » en comparant plus tard sa famille à celle de Jim et Margaret Anderson de la série télévisée des années 1950 *Father Knows Best*. Elle a également vanté « la stabilité de la vie de famille que j'ai connue en grandissant ».

Or, si l'on se fie aux témoignages recueillis par les biographies d'Hillary, Hugh Rodham ressemblait moins au père de *Papa a raison* qu'au sergent instructeur du film *Full Metal Jacket*, toujours prompt à péter les plombs. Adepte du tabac à chiquer, il jurait, hurlait ses ordres et piquait des colères épiques.

Il était en outre d'une pingrerie qui n'avait d'égale que sa mesquinerie. L'hiver, il insistait pour couper le chauffage de la maison au moment d'aller au lit jusqu'au lendemain matin, peu importe la température à l'extérieur. Il rechignait à dépenser plus que le minimum pour garnir la garde-robe de sa fille. Et quand il découvrait dans la salle de bain un tube de dentifrice sans capuchon, il le lançait par la fenêtre, forçant le coupable à aller le chercher dehors, beau temps mauvais temps.

Même s'il se montrait particulièrement sévère envers ses fils, parfois châtiés à coups de canne, il réservait à sa femme ses rebuffades et sarcasmes les plus humiliants. Après avoir été témoins de ces mauvais traitements verbaux, plusieurs visiteurs, parents ou amis, se sont demandé pourquoi Dorothy n'avait pas divorcé avec ce mari grincheux et méprisant qu'elle surnommait « Monsieur Difficile ». Comme elle l'a souvent répété à sa fille, Dorothy ne croyait pas au divorce. Qui plus est, cette femme ouverte est parvenue à canaliser ses frustrations conjugales dans l'éducation de ses enfants, et notamment de sa fille.

Carl Bernstein, un des biographes d'Hillary, a supputé que les tensions entre son père et sa mère dont la future épouse de Bill Clinton avait été témoin durant sa jeunesse lui ont permis de relativiser celles qu'elle allait connaître.

★ 4 ★

Non, Hillary Rodham n'a pas été prénommée en l'honneur de Sir Edmund Hillary.

Et pourtant, après son arrivée à la Maison-Blanche, la première dame des États-Unis a affirmé devoir son prénom au célèbre alpiniste et explorateur, premier homme à gravir l'Everest, avec le sherpa Tensing Norgay.

Elle a raconté cette histoire pour la première fois en avril 1995 après avoir croisé par hasard le héros néo-zélandais à l'aéroport de Katmandou au cours d'une tournée asiatique. Le jour de cette rencontre fortuite, elle a révélé aux journalistes que sa mère avait choisi son prénom après avoir lu un article de journal sur les exploits de l'alpiniste.

«Donc, quand je suis née, elle m'a appelée Hillary, et elle a toujours dit que c'était à cause de Sir Edmund Hillary», a-t-elle relaté.

Les sceptiques se sont vite manifestés, rappelant qu'Hillary Rodham Clinton était née à Chicago le 26 octobre 1947, soit six années avant la conquête de l'Everest par Edmund Hillary. Il est vrai que ce dernier avait commencé à faire parler de lui avant même la Seconde Guerre, ayant déjà promis à cette époque de gravir un jour le plus haut sommet du monde. Mais quelles étaient vraiment les chances qu'une ménagère de

Park Ridge ait lu, en 1947 ou avant, un article sur l'apiculteur néo-zélandais devenu alpiniste?

Qu'à cela ne tienne, Bill Clinton a répété l'histoire dans son autobiographie publiée en 2004.

Or, deux ans plus tard, alors qu'elle faisait campagne pour un deuxième mandat au Sénat, Hillary a fait savoir que, tout compte fait, elle n'avait pas été prénommée en l'honneur de Sir Edmund.

«C'était une tendre histoire de famille que sa mère a partagée pour inspirer sa fille à se dépasser, avec de bons résultats dois-je ajouter», a déclaré une porte-parole de sa campagne de l'époque.

Or, même cette version a plus tard été mise en doute. Un des biographes d'Hillary a écrit que sa mère lui avait donné ce prénom pour l'excellente raison qu'elle le trouvait «original, différent».

Hillary a livré le combat le plus important de sa jeunesse à l'âge de quatre ans.

Dorothy Rodham a confié cette histoire à la journaliste Gail Sheehy, qui l'a racontée dans *Hillary's Choice*, son livre sur l'ex-première dame des États-Unis.

Hillary a donc quatre ans. Elle vient d'arriver à Park Ridge. Dans son nouveau quartier, une fillette appelée Suzy, issue d'une famille influente, sème la terreur, terrassant avec ses poings garçons et filles. Elle ne tarde pas à tourner son attention vers la petite nouvelle, lui faisant goûter à sa loi. Et c'est avec une satisfaction certaine qu'elle voit Hillary courir à la maison, les yeux pleins de larmes.

La mère d'Hillary refuse de s'émouvoir en accueillant sa fille. « Il n'y a pas de place dans cette maison pour les lâches », lui dit Dorothy, un décret qu'Hillary servira plus tard à son mari. « Tu dois lui tenir tête. La prochaine fois qu'elle te frappe, tu lui rends son coup. »

Encore tremblante, Hillary sort de la maison et décide de défier Suzy illico. Garçons et filles du quartier s'attroupent autour des belligérantes. Et, sans crier gare, la petite nouvelle décoche un coup de poing qui ébranle la terreur du quartier. Les garçons sont bouche bée. Et Hillary rentre à la maison triomphante.

« Je peux jouer avec les garçons maintenant ! » lance-t-elle fièrement à sa mère.

En riant, Dorothy Rodham a précisé à Gail Sheehy : « Les garçons ont bien réagi à Hillary. Elle a pris le contrôle et ils l'ont laissée aller. »

Chicago – 1950

Hillary . Dorthory – Hugh Jr.

En haut : Dorothy Rodham avec ses deux premiers enfants, Hillary et Hugh Jr.

Ci-contre : l'aînée et le cadet des Rodham entre leurs parents, Hugh et Dorothy, dans les années 1950.

CARRIÈRE DE RÊVE

Jusqu'au début de ses études universitaires, Hillary rêvait de devenir...

MÉDECIN

JUGE

ENSEIGNANTE

ASTRONAUTE

JOUEUSE DE TENNIS

Hillary Rodham au bord du lac Waban sur le campus du Wellesley College, en 1969.

Réponse : astronaute

Hormis sa famille, la religion méthodiste a été
le facteur qui a eu la plus grande influence sur
le caractère d'Hillary.

«Nous parlions avec Dieu, marchions avec Dieu, mangions,
étudions et discutions avec Dieu.»

Hillary exagérait à peine en décrivant en ces termes le rôle
de la religion dans la vie de sa famille. D'entrée de jeu, il faut
préciser que les liens des Rodham avec le méthodisme étaient
profonds et anciens, du moins si l'on se fie à la légende familiale. Les parents de Hugh Rodham racontaient que leurs
arrière-grands-parents avaient été convertis par nul autre
que John Wesley, fondateur du méthodisme, dans les villages
miniers du pays de Galles et de l'Angleterre où ils vivaient au
18ᵉ siècle.

Dorothy Rodham a elle-même propagé les doctrines du prédi-
cateur anglais en donnant des leçons de catéchisme à l'église
méthodiste de Park Ridge, dont sa famille était membre. Dès
sa petite enfance, Hillary a pour sa part fréquenté l'école du
dimanche, étudiant chaque semaine un nouveau passage de
la Bible. Elle a plus tard participé aux activités d'un groupe
de jeunes méthodistes et donné un coup de main pour nettoyer
et préparer l'autel la veille du service dominical.

Mais ce n'est qu'à l'adolescence qu'elle a commencé à prendre
vraiment à cœur l'enseignement de John Wesley, qui se
résume par cette règle simple: «Faites le bien que vous pouvez,
par tous les moyens que vous pouvez, de toutes les manières
que vous pouvez, dans tous les lieux que vous pouvez, aussi
longtemps que vous pouvez.»

Combiné à la rencontre d'un jeune pasteur progressiste en
1961, cet enseignement a contribué de façon graduelle à éloigner Hillary des valeurs conservatrices de son père.

«Hillary a tiré du méthodisme de sa jeunesse une vision du christianisme très axée sur la justice sociale», nous explique Paul Kengor, politologue au Grove City College et auteur de *God and Hillary Clinton,* un livre publié en 2007 sur la vie spirituelle de celle qui était sur le point de briguer la présidence pour la première fois. «Son église a embauché un jeune pasteur appelé Don Jones, qui était très à gauche de son père. C'est Jones qui l'a arrachée à ses racines de *Goldwater Girl*. Il a influencé non seulement ses opinions religieuses mais également ses opinions politiques.»

Frais émoulu de l'Université Drew, Don Jones est entré en 1961 au service de l'église méthodiste de Park Ridge pour animer un club de jeunes. Dans ce rôle, le pasteur s'est efforcé d'élargir les horizons culturels d'Hillary et de ses camarades issus d'une banlieue républicaine. Il leur a fait découvrir les poèmes d'E. E. Cummings et de T. S. Eliot, analyser les personnages de Dostoïevski et débattre du tableau *Guernica* de Picasso d'un point de vue géopolitique et théologique. Il leur a chanté en s'accompagnant à la guitare les plus grands succès de l'époque, dont *A Hard Rain's A-Gonna Fall* de Bob Dylan.

Le pasteur Jones a aussi ouvert les yeux des membres de son «université» sur les réalités et préoccupations sociales de l'époque. Il les a ainsi entraînés dans des églises noires et hispaniques de Chicago pour des échanges avec des groupes de jeunes locaux portant notamment sur le mouvement des droits civiques dans le Sud. Un jour, il a même accompagné certains membres de son groupe à l'Orchestra Hall, où Martin Luther King devait prononcer un discours intitulé «Rester en éveil à travers la Révolution». Des parents de Park Ridge ont interdit à leurs enfants d'aller écouter cet «agitateur». Mais la mère d'Hillary a insisté auprès de son mari pour qu'Hillary puisse se joindre au groupe.

«Nous sommes maintenant au bord de la Terre promise de l'intégration. Le monde ancien disparaît et un nouveau s'avance. Nous devons accepter cet ordre et apprendre à vivre ensemble

La photo d'école d'Hillary Rodham, à 11 ans.

comme des frères dans une société ouverte sur le monde, ou bien alors nous périrons», a déclaré le pasteur noir d'Atlanta lors de son discours à l'Orchestra Hall.

Don Jones et Hillary Clinton sont restés liés à vie. Mais le jeune pasteur n'est pas resté longtemps à Park Ridge. Au bout de deux ans, il perdait son poste.

«De façon générale, les parents et les membres plus âgés de l'église méthodiste de Park Ridge n'aimaient pas Don Jones, raconte Paul Kengor. Ils n'aimaient pas son libéralisme théologique, pas plus qu'ils n'aimaient ce qu'ils considéraient comme son arrogance théologique. D'une certaine façon, ce qu'ils craignaient le plus est arrivé : Jones a mené Hillary de Barry Goldwater à Saul Alinsky», ajoute le politologue en faisant référence au sociologue de gauche, père de l'organisation communautaire, auquel la fille de Hugh Rodham allait consacrer sa thèse au Wellesley College.

Hugh et Tony Rodham font partie du club sélect des frères encombrants.

Plusieurs présidents américains en ont eu un. Un quoi ? Un frère dont les actions et paroles passées ou présentes jettent une ombre sur le locataire de la Maison-Blanche. George W. Bush a eu Neil, amateur de prostituées thaïlandaises et hongkongaises. Bill Clinton a eu Roger, arrêté pour trafic de cocaïne en 1984. Jimmy Carter a eu Billy, grand buveur de bière, lobbyiste à la solde du gouvernement libyen et antisémite à ses heures. Et on pourrait continuer comme ça jusqu'à George Washington, ou presque.

Or, si elle est élue à la présidence, Hillary Clinton n'aura pas un frère encombrant mais deux !

En effet, si Hillary a été poussée à se surpasser pour plaire à un père difficile, ses frères cadets ont en revanche semblé abandonner la lutte et dévier du droit chemin tracé par leur sœur. Hugh, qui a hérité du prénom de son père en tant que fils aîné, en a peut-être bavé encore plus que Tony. Il a pourtant tenté de suivre les traces de son père, fréquentant la même université que lui – Penn State – et pratiquant le même sport que lui – le football.

Mais «Hughie», comme on l'appelait, n'était jamais à la hauteur des attentes de son père, pas même après avoir complété 11 passes sur 12 comme quart-arrière lors d'un match de football de *high school*. Après la partie, le seul commentaire de «Monsieur Difficile» a porté sur la passe ratée de fiston, selon un des biographes d'Hillary.

«Hughie» a pratiqué le droit en Floride, brigué (en vain) un siège au Sénat dans cet État, animé une émission de radio et brassé des affaires seul ou avec son frère. Décrocheur universitaire, celui-ci a tâté de plusieurs métiers, dont agent d'assurances, gardien de prison, huissier et même détective privé. Malchanceux ou incompétent en affaires, il a connu de sérieuses difficultés financières dont il s'est parfois tiré grâce à la générosité de sa sœur et de son beau-frère.

Les frères Rodham ont en commun d'avoir été accusés de trafic d'influence. En 2001, Hugh a notamment dû rendre les 400 000 $ qu'il avait touchés pour obtenir des pardons présidentiels pour Carlos Vignali, condamné à 15 ans de prison pour trafic de cocaïne, et Glenn Braswell, magnat de la médecine alternative condamné pour fraude fiscale.

Tony Rodham a été mêlé à une affaire semblable. Et lors d'un procès tenu à la même époque, il a reconnu avoir probablement fumé de la marijuana avec un homme qui, quelques heures plus tard, allait l'attaquer physiquement en l'accusant d'avoir eu un rapport sexuel avec son amie de cœur.

Heureusement pour Hillary, la soixantaine aura sans doute diminué l'ardeur de ses frères.

IDOLE DE JEUNESSE

Parmi ces femmes figure l'une de celles qu'Hillary a le plus admirées durant sa jeunesse. Laquelle ?

ALTHEA GIBSON, première Noire à remporter le tournoi de tennis de Wimbledon

BETTE DAVIS, actrice d'Hollywood

RACHEL CARSON, auteure de *Silent Spring* et pionnière du mouvement écologiste

MARGARET CHASE SMITH, première femme à siéger à la Chambre des représentants et au Sénat

BETTY FRIEDAN, auteure de *The Feminine Mystique* (*La Femme mystifiée*) et pionnière du mouvement féministe

Réponse : Margaret Chase Smith

Dès sa première campagne présidentielle, à l'âge de 16 ans, Hillary a subi un cuisant revers.

Elle n'était pas, à proprement parler, première de classe. Malgré son ardeur au travail, son application à l'étude et son esprit de compétition, elle ne décrochait pas les meilleures notes dans sa classe. Son attitude irréprochable faisait cependant d'elle la chouchoute de ses professeurs, surtout au primaire. Et sa popularité auprès de ses camarades de classe lui a laissé croire qu'elle pourrait se faire élire, en tant que finissante, à la présidence de l'association des élèves de son *high school*. Après tout, n'avait-elle pas été élue vice-présidente l'année précédente?

Seule fille à briguer la présidence contre plusieurs garçons, Hillary Rodham a été battue dès le premier tour. Dans une lettre au révérend Don Jones, l'adolescente aux lunettes épaisses a plus tard dénoncé la stratégie de ses adversaires, qui consistait selon elle à «jeter de la boue». «Nous n'avons pas riposté. Nous sommes restés dans la dignité et avons parlé de maternité et de tarte aux pommes», a-t-elle précisé sur un ton ironique.

Mais cette défaite n'a pas été ce qu'elle a eu de plus difficile à accepter.

«Je m'y attendais un peu», a-t-elle écrit dans une autre lettre au révérend Jones. «Mais la défaite a été d'autant plus amère qu'un de mes adversaires me déclara que j'étais vraiment idiote d'avoir cru qu'une fille pouvait être élue à la présidence.»

LE CŒUR ET LA RAISON

« Ce qu'il faut aujourd'hui, c'est pratiquer la politique comme l'art de rendre possible ce qui paraît impossible. »

★ **11** ★

En entreprenant ses études supérieures au Wellesley College, prestigieuse université réservée aux femmes, Hillary Clinton a pu briller en se frottant à l'élite féminine de sa génération.

Rappel historique. En septembre 1965, Betty Friedan avait déjà publié *La Femme mystifiée*, livre fondateur du féminisme moderne. Mais les étudiantes de premier cycle n'avaient pas encore le droit de s'inscrire dans la plupart des grandes universités américaines, y compris Harvard, Yale et Princeton. Les plus ambitieuses d'entre elles convoitaient donc une place à Wellesley ou dans l'une de ses deux plus grandes rivales, Smith College et Mount Holyoke, situées aussi dans le Massachusetts.

«Wellesley était probablement l'université pour femmes où il était le plus difficile d'être accepté. Vous deviez avoir les meilleures notes et les meilleurs résultats dans l'examen national pour y être admis.» Alan Schechter, l'homme qui nous parle ainsi, a bien connu Wellesley et celle qui allait devenir l'une de ses plus célèbres anciennes étudiantes. Professeur de science politique, il n'a pas seulement enseigné à Hillary Rodham, mais il a également suivi son évolution personnelle et politique en tant que directeur d'études et représentant du corps professoral au sein du gouvernement étudiant.

Hillary a souvent raconté qu'elle s'était sentie intimidée en arrivant sur le majestueux campus de Wellesley, dont les édifices néogothiques se dressent au bord du lac Waban, à une demi-heure de Boston. Comment allait-elle pouvoir rivaliser avec ses nouvelles consœurs, dont l'intelligence, la richesse et la sophistication ne se comparaient en rien à ce qu'elle avait connu dans son Midwest natal?

Alan Schechter, lui, se souvient surtout d'une étudiante qui n'avait rien à envier à personne sur le plan intellectuel. «Quand je l'ai rencontrée, lors de sa deuxième année à Wellesley, elle était, à l'évidence, une étudiante extrêmement brillante parmi toutes ces étudiantes brillantes», dit-il.

Hillary ne se faisait pas seulement remarquer par son travail assidu en classe, mais également par ses qualités de leader dans les affaires étudiantes. Qualités qui ont contribué à son élection à la présidence de l'association étudiante, en 1967. Dans cette fonction, elle a contribué à l'abolition des règles archaïques qui régissaient la vie des étudiantes – celles-ci devaient notamment présenter une lettre signée par leurs parents pour pouvoir quitter le campus. Elle a également joué un rôle de premier plan dans l'organisation de *teach-ins* (séminaires) sur la guerre du Vietnam et d'une grève de deux jours pour protester contre ce conflit.

«Les étudiantes gravitaient autour d'elle, se souvient Alan Schechter. Elle était très efficace comme leader, en partie à cause de sa capacité d'écoute. Elle écoutait les gens avec attention, ne les contredisait pas, ne les insultait pas, ne donnait pas l'impression de les regarder de haut. À cette qualité s'ajoutait sa facilité d'expression. C'est l'une des premières choses que j'ai notées. Elle avait cette capacité de parler en public, élevant la voix au moment opportun, déclinant ses idées comme si elle écrivait une bonne dissertation.»

Au fil des ans, Alan Schechter a noté l'évolution politique de l'étudiante. Encore identifiée au Parti républicain à son arrivée sur le campus de Wellesley, Hillary s'en est complètement détachée quatre ans plus tard, selon son ancien professeur. L'année 1968, marquée par les assassinats de Martin Luther King et de Robert Kennedy, de même que par l'intensification de la guerre au Vietnam, a joué un rôle déterminant dans ce changement.

La nouvelle de la mort de King, dont elle avait serré la main à 14 ans après un discours à Chicago, a constitué pour elle le plus gros choc de cette année mouvementée, comme elle l'a raconté dans son autobiographie: «Je suis entrée dans ma chambre. J'ai lancé un livre violemment dans la pièce. J'avais l'impression que tout était brisé et que nous ne serions plus capables de recoller les morceaux.»

Mais la conversion politique d'Hillary s'est confirmée en août 1968 à Miami, selon Alan Schechter. C'est dans cette ville de la Floride que le Parti républicain a choisi Richard Nixon comme candidat présidentiel devant le gouverneur de New York, Nelson Rockefeller, et celui de Californie, Ronald Reagan.

«Hillary était à Miami et elle en est revenue horrifiée à la fois par la victoire de Nixon et le point de vue anti-Noirs qui se développait au sein du Parti républicain, dit Alan Schechter. Elle était de plus en plus consciente des inégalités aux États-Unis, du racisme, de la pauvreté. Elle n'était plus une républicaine modérée. Elle était une progressiste. Et si vous regardez sa vie depuis ce moment-là, tout est lié au même système de valeurs.»

UN PEU D'HISTOIRE

Hillary n'a pas été la seule jeune femme prometteuse à avoir fréquenté le Wellesley College. Voici quelques-unes des plus connues :

Judith Krantz, 1948 (romancière)

Madeleine Albright, 1959 (secrétaire d'État)

Nora Ephron, 1962 (scénariste, réalisatrice et auteure)

Cokie Roberts, 1964 (journaliste)

Diane Sawyer, 1967 (journaliste)

Pamela Melroy, 1983 (astronaute)

★ **12** ★

Hillary a consacré sa thèse de baccalauréat à un sociologue de gauche, sujet qui lui a valu d'être traitée de « radicale » par ses critiques conservateurs.

Il s'appelle Saul Alinsky. Considéré comme le père de l'organisation communautaire, l'auteur de *Rules for Radicals* a mis ses idées en pratique pour tenter de lutter contre la pauvreté dans les quartiers défavorisés de Chicago. Hillary l'a rencontré pour la première fois à l'été 1968 avant de l'interviewer à deux reprises pour sa thèse.

Dans son travail de 92 pages, Hillary compare le modèle Alinsky aux programmes fédéraux de lutte à la pauvreté. Sa conclusion: ni le modèle Alinsky ni les programmes fédéraux n'atteignent leurs objectifs respectifs. Sa note : A. Qu'à cela ne tienne : à leur arrivée à la Maison-Blanche, les Clinton ont demandé au Wellesley College de ne donner à quiconque accès à sa thèse. Cette interdiction a permis aux conservateurs de supputer qu'elle y fait l'apologie du « marxiste » Alinsky.

«Rien n'est plus éloigné de la vérité», dit Alan Schechter, qui a supervisé le travail d'Hillary, auquel tout le monde a accès depuis le départ des Clinton de la Maison-Blanche.

En 2008, les conservateurs ont également critiqué Barack Obama pour s'être inspiré du modèle Alinsky dans son rôle d'organisateur communautaire à Chicago. Plus ça change, plus c'est pareil…

★ **13** ★

À Wellesley, Hillary a testé cinq identités qu'elle a définies de façon méthodique dans une lettre à un ami.

«Réformatrice sociale et éducative». Pour mettre à l'essai cette identité, Hillary a choisi de repousser les frontières raciales de l'époque. Comment? En invitant une des six étudiantes afro-américaines de Wellesley (sur plus de 400) à assister avec elle à un service religieux hors campus un dimanche matin. Dès son retour à Wellesley, elle a appelé sa famille et ses amis de Park Ridge pour les informer de son exploit. Ses interlocuteurs ont accueilli la nouvelle sèchement, reprochant à Hillary de vouloir transformer un geste de bonne volonté en acte politique. L'intéressée a plus tard admis qu'elle aurait eu la même réaction si elle avait vu une étudiante blanche de première année «aller à l'église avec une Noire».

«Universitaire aliénée». Cette identité n'était sans doute pas la plus éloignée de la réalité. Hillary préférait les études aux activités sociales, passant des heures innombrables à la bibliothèque et déplorant les imperfections de l'humanité. Durant les mois d'été qui ont suivi sa deuxième année à Wellesley, elle a pu assouvir son goût pour la recherche universitaire en secondant dans ses travaux un de ses professeurs de science politique, Anthony D'Amato, qui préparait un livre sur la guerre du Vietnam. D'Amato lui a fait notamment découvrir les livres de Walter Ong et de Marshall McLuhan, deux théoriciens révolutionnaires dans le domaine des médias. Hillary classera plus tard un livre d'Ong, *In the Human Grain,* parmi les plus importants qu'elle ait lus.

«Pseudo-hippie engagée». N'ayant jamais prêté attention à son apparence, Hillary s'est très bien adaptée à la mode hippie avec ses gilets en tricot, ses pantalons pattes d'éléphant, ses robes en denim, son visage sans fard et ses lunettes épaisses comme des fonds de bouteille. À l'été de 1967, l'année de l'amour, elle s'est même enthousiasmée pour le mariage *beatnik* d'une amie artiste à Cape Cod et gaussée des rumeurs circulant à Park Ridge sur ses fiançailles secrètes avec son amoureux d'Harvard. «John, je ne me suis pas fiancée. Je me suis mariée», a-t-elle écrit à un correspondant de sa ville natale. Et Hillary de l'informer qu'elle avait abandonné ses études et pris la route pour Haight-Ashbury, la Mecque de la contre-culture. C'était une blague, bien sûr.

«Misanthrope compatissante». Avant même d'arriver à Wellesley, Hillary se posait déjà la question: «Peut-on être misanthrope tout en aimant certaines personnes et en appréciant leur compagnie? Que penseriez-vous d'une misanthrope compatissante?» À Wellesley, Hillary a renoué avec ce questionnement en imaginant une vie simple dans un endroit tranquille où elle pourrait aider les autres et lire. À la même époque, elle relisait *L'attrape-cœurs*, le roman de J. D. Salinger dont le protagoniste, Holden Caulfield, est un adolescent marginal chez qui les êtres humains suscitent, au mieux, une compassion mêlée d'écœurement. À la fin du livre, Holden s'imagine au bord d'une falaise, en train d'empêcher de tomber les enfants qui courent dans un champ de seigle sans faire attention. Pour un temps, semble-t-il, Hillary se sera identifiée à lui.

«Leader politique». Élue présidente du Club des jeunes républicains à la fin de son second semestre, Hillary n'a jamais cessé de faire campagne pour une position ou une autre à Wellesley. «Je ne me suis jamais réconciliée avec l'idée de ne pas être une star», a-t-elle confié à un correspondant au début d'une ascension méthodique qui devait la mener à la présidence de l'association étudiante de Wellesley. Sous la pression de l'association, la direction de l'université a notamment augmenté le nombre d'élèves et de professeurs noirs et aboli le règlement sur la tenue vestimentaire. Certaines de ses consœurs prédisaient qu'elle créerait un jour un précédent en devenant la première femme à se faire élire à la présidence des États-Unis.

★ 14 ★

Le 31 mai 1969, Hillary Clinton est devenue la première étudiante à prononcer un discours lors de la cérémonie de remise des diplômes à Wellesley.

La présidente de l'université, Ruth Adams, s'y était opposée d'emblée. «Cela ne s'est jamais passé comme ça», a-t-elle dit. Pour qu'elle finisse par céder, il a fallu qu'Eleanor Acheson, petite-fille de l'ex-secrétaire d'État américain Dean Acheson et compagne de chambre d'Hillary, menace d'organiser une cérémonie dissidente à laquelle son grand-père lui avait promis d'assister !

Choisie par ses consœurs pour être la porte-parole de leur promotion, Hillary devait s'exprimer après l'orateur principal, le sénateur du Massachusetts Edward Brooke. À la tribune, ce républicain modéré a admis que le pays connaissait «des problèmes sociaux graves et urgents». Mais il a critiqué dans la foulée les «manifestations qui ne visent qu'à l'intimidation».

Y voyant un plaidoyer en faveur de l'administration Nixon, Hillary s'est étonnée de ne pas entendre le sénateur parler du Vietnam, des droits civiques, de Martin Luther King et de

Hillary Rodham, oratrice lors de la cérémonie de la remise des diplômes au Wellesley College, en 1969.

Robert Kennedy, bref, des sujets qui ont secoué sa promotion. À son tour au micro, elle a décidé de dévier de son texte pour critiquer les remarques du sénateur et défendre le «rôle indispensable de la contestation critique et constructive». «Ce qu'il faut aujourd'hui, c'est pratiquer la politique comme l'art de rendre possible ce qui paraît impossible», a-t-elle dit.

L'allocution d'Hillary n'avait rien pour plaire à la présidente de Wellesley, qui allait reprocher à l'étudiante son manque de respect envers le sénateur Brooke. Mais les étudiantes et les enseignants ont acclamé ce discours, qui propulsera l'oratrice sur la scène nationale.

Elle voulait être une star. Elle l'est devenue.

THE CLASS OF '69

Quel magazine américain a permis à Hillary de se faire connaître à la grandeur des États-Unis en publiant une interview et des photos d'elle le 20 juin 1969 ?

TIME (JUIN 1969)

NEWSWEEK (JUIN 1969)

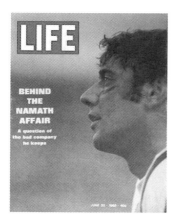

LIFE (JUIN 1969)

READER'S DIGEST (JUIN 1969)

Réponse : *Life.* Le numéro du magazine *Life* comprenait aussi une interview avec Ira Magaziner, qui allait devenir le principal lieutenant d'Hillary dans son combat pour réformer le système de santé américain.

Hillary n'a donné aucun détail sur sa vie amoureuse avant Bill Clinton.

Dans *Mon histoire*, son autobiographie, elle reconnaît certes avoir eu « deux petits amis assez sérieux pour [qu'elle] les présente à [ses] parents ». Mais elle clôt aussitôt ce sujet en ajoutant : « Mon père s'est débrouillé pour que ces présentations tiennent davantage du bizutage que de l'événement mondain. Les deux garçons ont survécu à l'épreuve, mais pas notre relation ».

Ce silence relatif a sans doute contribué à la naissance de rumeurs sur le lesbianisme supposé d'Hillary au Wellesley College. L'ancien rédacteur en chef du *New York Times Magazine*, Ed Klein, lui a notamment prêté deux amantes, allant même jusqu'à les identifier dans *The Truth About Hillary*, un brûlot publié en 2005. Les deux femmes en question ont démenti les allégations de Klein.

En revanche, les biographes les plus crédibles n'ont pas eu trop de mal à obtenir des lettres et des témoignages confirmant les relations d'Hillary avec au moins deux hommes qui ont précédé Bill Clinton dans son cœur.

Geoff Shields a été le premier. Rencontré lors d'une soirée à Harvard, où il étudiait, ce futur avocat était issu d'un monde semblable à celui d'Hillary, ayant été élevé à Forest Park, une banlieue cossue de Chicago située à trois arrêts d'autobus de Park Ridge. Les deux étudiants avaient en commun un vif intérêt pour les questions politiques de l'heure, y compris la guerre au Vietnam et la question raciale aux États-Unis. Ils en discutaient sans se lasser avec un groupe d'amis qui cherchaient, comme eux, à régler les problèmes du monde.

Mais leur relation n'était pas seulement intellectuelle et sociale. Elle était aussi sexuelle, même si Wellesley n'était vraisemblablement pas le théâtre de leurs ébats. Les étudiantes avaient la permission d'accueillir leurs amis de cœur dans leurs chambres le dimanche, de 14 h à 17 h 30, mais elles devaient laisser les portes ouvertes et respecter «la règle des deux pieds» (pendant la visite d'un garçon, il fallait qu'au moins deux pieds sur quatre reposent toujours sur le sol).

Hillary et Geoff se sont vus presque tous les week-ends pendant trois ans. Mais leur relation est devenue platonique durant l'été 1968 lorsque la future femme de Bill Clinton a fait connaissance à Washington avec un étudiant de l'Université Georgetown, David Rupert, un beau ténébreux qui fut son premier vrai amour. Au moment de leur rencontre, Hillary et David étaient stagiaires pour des élus républicains du Congrès. De l'avis de leurs amis, ils ont connu au fil des trois années suivantes une relation passionnée et orageuse.

Ainsi, presque tous les week-ends pendant ses deux premières années à Yale, Hillary a parcouru dans une vieille bagnole le trajet de 220 kilomètres séparant New Haven de Bennington, au Vermont, où Rupert vivait dans un appartement aménagé dans le coin d'une grange et travaillait pour Head Start, le programme préscolaire destiné aux enfants défavorisés. Cet emploi a permis à cet objecteur de conscience d'éviter d'être conscrit pour la guerre du Vietnam.

Mais les allers-retours entre New Haven et Bennington ont fini par peser sur le couple, tout comme leurs visions divergentes de l'avenir. Plusieurs années plus tard, David confiera à la journaliste Gail Sheehy avoir eu l'impression qu'Hillary lui reprochait son manque d'ambition politique. «Je n'ai jamais affiché un désir brûlant d'être président des États-Unis. Je crois qu'elle recherchait cela chez un partenaire», a-t-il déclaré.

Hillary n'a jamais réagi à cette assertion.

Entre la Faculté de droit de Harvard et celle de Yale, le cœur d'Hillary n'a pas balancé longtemps.

Et c'est un célèbre professeur de droit de Harvard qui l'a aidée à choisir… Yale ! Lors d'un cocktail à Harvard, un étudiant qu'elle connaissait l'a présentée à cet homme à l'air hautain. « Voici Hillary. Elle ne sait pas encore si elle sera des nôtres l'année prochaine ou si elle va choisir notre plus proche rivale », a-t-il dit.

D'un air dédaigneux, le professeur a répondu : « Primo, nous n'avons pas de rivale. Secundo, il y a déjà suffisamment de femmes à Harvard. »

Cette conversation a dissipé les derniers doutes d'Hillary.

Malgré son architecture gothique évoquant le Moyen Âge, la Faculté de droit de Yale s'ouvrait au changement. En septembre 1969, Hillary était l'une des 27 femmes (sur un total de 235 étudiants) à y être admises. C'était peu, mais cela représentait néanmoins une percée. « À partir de ce moment-là, les femmes n'ont plus jamais été de simples potiches à Yale », dira plus tard Hillary.

À quel grand procès du début des années 1970 Hillary s'est-elle intéressée en tant que rédactrice adjointe de la *Yale Review of Law and Social Action* ?

A. Le procès de Charles Manson, accusé du meurtre de l'actrice américaine Sharon Tate et de quatre de ses amis.

B. Le procès des « Chicago Seven » (Abbie Hoffman, Jerry Rubin, David Dellinger, Tom Hayden, Rennie Davis, John Froines et Lee Weiner), accusés de complot en vue d'inciter à la révolte en marge de la convention démocrate de 1968 à Chicago.

C. Les demandes d'injonction de l'administration Nixon pour empêcher la publication par le *New York Times* et le *Washington Post* des « Pentagon Papers », nom des documents confidentiels du département de la Défense sur l'implication politique et militaire des États-Unis au Vietnam.

D. Le procès militaire du lieutenant William Calley, accusé de meurtres prémédités à la suite du massacre de plusieurs centaines de civils vietnamiens dans le village de My Lai, en mars 1968.

E. Le procès de huit membres du Black Panther Party, dont son leader, Bobby Seale, accusés du meurtre d'Alex Rackley, membre de ce parti radical à New York.

Réponse : E. Le procès des membres du Black Panther Party s'est déroulé en 1970 à New Haven, devenant le point de mire de la gauche américaine.

★ **19** ★

C'est à Yale qu'Hillary est devenue pionnière du droit des enfants.

Marian Wright Edelman, son premier mentor de sexe féminin, lui a servi d'inspiration. Diplômée de la Faculté de droit de Yale en 1963, première Noire admise au barreau du Mississippi, cette militante des droits civiques avait fondé à Washington un nouvel organisme, le Washington Research Project, pour lequel Hillary a été stagiaire durant l'été 1970.

Son travail consistait à réunir des données sur la santé et les difficultés scolaires des enfants des travailleurs saisonniers du sud des États-Unis. Il a conduit Hillary à s'intéresser à Yale aux effets des lois sur les enfants et à suivre des cours au Yale Child Study Center. Elle a plus tard obtenu l'autorisation d'assister aux réunions des spécialistes du centre et de suivre les examens cliniques.

À la même époque, Hillary travaillait au bureau des services juridiques de New Haven, où elle a été sensibilisée aux problèmes des enfants victimes de maltraitance et des services sociaux chargés de les protéger. L'ensemble de ces activités, ajouté au souvenir indélébile de l'enfance malheureuse de sa mère, lui a permis d'écrire son premier article savant, intitulé « Children Under the Law » et publié en 1974 dans la *Harvard Educational Review.*

Jay Katz, professeur de droit à Yale, a qualifié cet article de « pionnier », voyant Hillary comme l'une des premières spécialistes à aborder la question des droits des enfants. « Je veux être une voix pour les enfants américains », a déclaré Hillary à la même époque. Près de deux décennies plus tard, lors de la campagne présidentielle de 1992, Pat Buchanan et d'autres républicains conservateurs allaient cependant tenter de dénaturer le sens de l'article d'Hillary et d'en trouver la preuve de l'hostilité viscérale de son auteure envers la famille.

★ **20** ★

À Yale, Hillary Rodham a dû faire les premiers pas pour faire connaissance avec Bill Clinton.

Un soir du printemps 1971. Elle étudie à la bibliothèque de la Faculté de droit de Yale. Il se trouve à l'autre bout de la salle, fixant sur elle ses yeux bleus. Depuis quelques semaines, il la suit partout sur le campus, sans toutefois oser lui parler. Elle l'a impressionné en s'exprimant avec une rare assurance dans le cours du professeur Thomas Emerson – *Droits civiques et politiques* – qu'ils suivent ensemble.

Hillary sent son regard peser sur elle. Soudain, elle se lève et se dirige tout droit vers ce jeune homme qui lui fait davantage penser à un Viking qu'à un boursier Rhodes revenu d'un séjour de deux ans à Oxford. Elle le devine plutôt beau garçon sous sa barbe brun roux et sa masse de cheveux bouclés. Elle sait déjà qu'il vient de l'Arkansas, l'ayant entendu dans la cafétéria vanter la grosseur des melons de son État devant un groupe d'étudiants subjugués. «Les plus gros melons du monde», qu'il disait avec son accent du Sud.

Arrivée à sa table, elle lui dit : «Si tu dois continuer à me fixer ainsi, et moi à en faire autant, nous ferions mieux de nous présenter. Je m'appelle Hillary Rodham.»

Les deux en resteront là au cours des semaines suivantes. Hillary passe encore ses week-ends au Vermont avec son beau ténébreux. Bill fréquente de son côté plusieurs étudiantes, dont une jolie Afro-Américaine, et dévore un à un tous les romans qui lui tombent sous la main.

Cependant, le dernier jour du semestre, au printemps 1971, Bill s'assure de sortir du cours du professeur Emerson en même temps qu'Hillary. Il lui demande ce qu'elle fait. Elle répond qu'elle doit se rendre au secrétariat pour s'inscrire aux cours du prochain semestre. Il dit qu'il doit y aller aussi. Mais la responsable des inscriptions le trahit.

«Bill! s'exclame-t-elle, que faites-vous là? Vous êtes déjà inscrit!»

Hillary éclate de rire. Bill rougit un peu. Et c'est là que tout commence pour eux. Ils finiront la journée à la galerie d'art de Yale. Même si l'endroit est fermé en raison d'une revendication syndicale, Bill réussit à convaincre un responsable de leur ouvrir la porte. Hillary est impressionnée à son tour.

«C'est en le regardant négocier notre admission que je vis pour la première fois à l'œuvre sa force de persuasion», écrira plus tard Hillary dans son autobiographie. «Nous eûmes tout le musée pour nous. Nous déambulâmes dans les galeries en discutant de [Mark] Rothko et de l'art au xxe siècle. Je reconnais avoir été étonnée par son intérêt pour des sujets à première vue peu habituels pour un Viking de l'Arkansas, et par la connaissance qu'il en avait.»

Bill Clinton et Hillary Rodham à l'époque où ils étudiaient à la Faculté de droit de l'Université Yale.

Mais Bill achèvera de gagner le cœur d'Hillary quelques jours plus tard. Après l'avoir entendue tousser au téléphone, il arrivera une demi-heure plus tard à sa chambre avec un bouillon de poulet et un jus d'orage. Ils deviendront par la suite inséparables.

Durant l'été 1971, Bill suivra Hillary à Berkeley, en Californie, où elle fait un stage dans un cabinet juridique d'Oakland réputé pour défendre les causes de gauche. L'été suivant, ce sera au tour d'Hillary de suivre Bill, qui se rendra au Texas pour organiser la campagne présidentielle du sénateur George McGovern dans le sud. Pendant que son amoureux joue au stratège, elle participera à une campagne d'inscription sur les listes électorales du Texas.

Leur rite d'initiation à la politique se conclura par une défaite cinglante du sénateur McGovern contre Richard Nixon.

De retour à New Haven, Hillary et Bill poursuivent leur vie commune et s'inscrivent au prix Thomas Swan, une épreuve consistant en un procès organisé devant un jury fictif. Ils ne gagnent pas, mais jettent les bases d'un partenariat qui s'étendra bientôt à la politique.

Ils obtiendront tous les deux leur diplôme au printemps 1973.

UN DÉTOUR EN ARKANSAS

« Hillary Rodham sera ton Waterloo. »

 ★ **21** ★

On tue la une : la brillante Hillary a échoué
à l'examen d'admission au barreau du District
de Columbia (Washington) !

Elle ne s'en est jamais vantée. Dans son autobiographie, elle
expédie en une seule phrase ce rare échec dans son parcours
sans faute. « Quand j'appris que j'étais admise dans l'Arkansas
mais recalée à Washington, je me suis dit qu'il s'agissait sans
doute d'un signe. » Un signe de quoi ? Un bref retour dans le
temps s'impose.

Nous sommes en 1973. Fraîchement diplômée de la Faculté
de droit de Yale, Hillary vit à Cambridge, dans le
Massachusetts, où elle travaille avec Marian Edelman au
Fonds pour la défense de l'enfance, créé depuis peu. Elle
revient tout juste de son premier voyage en Europe avec Bill,
qui a commencé de son côté à enseigner le droit à l'Université
de l'Arkansas, à Fayetteville. Sur la rive du lac d'Ennerdale,

en Angleterre, son amoureux lui a demandé de l'épouser. «Non, pas maintenant», lui a-t-elle répondu, se sentant un peu bousculée.

Hillary aurait pu reprendre l'examen du barreau de Washington, réputé pour sa difficulté. Elle ne l'a jamais fait. Aurait-elle fini par épouser et suivre Bill en Arkansas si elle avait été admise au premier essai? Nombreux sont ceux qui se sont posé la question.

★ 22 ★

Hillary n'a pas fait une bonne première impression auprès de sa future belle-mère.

Mariée trois fois, Virginia Cassidy Blythe Clinton Dwire Kelley accordait une grande importance à son apparence, même si son goût n'était pas toujours sûr. Elle était du genre à poser ses faux cils dès sa sortie du lit, à porter des vêtements aux couleurs criardes et à se maquiller lourdement pour aller parier sur les courses de chevaux à la piste de Hot Springs.

Imaginez sa déception, fin juin 1973, quand son fils Bill lui a présenté Hillary, vêtue d'un jeans fatigué et d'une chemise informe, le visage sans fard et les cheveux mal coupés. Déception qui s'est transformée en consternation lorsque la jeune femme au look hippie et aux lunettes épaisses s'est mise à débiter ses idées d'intellectuelle yankee.

Mais où était la jeune femme au look de Miss Arkansas dont elle rêvait pour son Bill adoré?

L'affaire du Watergate a permis à Hillary de mettre entre parenthèses la question lancinante de son avenir avec Bill Clinton en Arkansas.

En janvier 1974, Hillary reçoit une offre qui ne se refuse pas. À la recherche de jeunes juristes d'exception, John Doar, avocat à l'emploi de la Commission des affaires judiciaires de la Chambre des représentants, lui demande si elle aimerait faire partie de l'équipe chargée de préparer la procédure de destitution contre Richard Nixon. Tu parles!

Hillary répond oui sur-le-champ, même si le travail est mal rémunéré et astreignant. À 26 ans, elle est consciente d'avoir la chance de participer à un moment historique dans la vie politique de son pays. Réélu avec éclat en novembre 1972, Nixon est soupçonné de multiples méfaits, dont celui d'avoir camouflé le rôle de son administration dans le cambriolage du siège du Parti démocrate au Watergate, un immeuble de Washington, le 17 juin 1972.

Installée chez Sara Ehrman, une amie de Washington rencontrée au Texas, Hillary enchaînera au cours des semaines suivantes les journées de travail de 12 à 18 heures. Elle accomplira diverses tâches, dont l'écoute minutieuse des fameux enregistrements de la Maison-Blanche et l'inventaire des méfaits commis par les présidents depuis le début de la république américaine.

Pendant qu'Hillary s'échine ainsi, Bill lance sa première campagne électorale en Arkansas. Âgé de 27 ans, le jeune professeur de droit de l'Université de l'Arkansas tente de ravir à un républicain son siège à la Chambre des représentants des États-Unis. Avec l'*impeachment* (destitution) de Nixon à l'horizon, Bill croit en ses chances de victoire.

Et Hillary se met à rêver, à imaginer une vie commune avec Bill à Washington qui lui épargnerait un détour redouté par l'Arkansas. La procédure de destitution contre Nixon durera au moins une année, pense-t-elle en se faisant son cinéma. Entre-temps, Bill gagnera son élection et viendra la rejoindre dans la capitale nationale où la jeune avocate et le jeune représentant formeront un couple à surveiller.

En attendant, les collègues d'Hillary entendent beaucoup parler de ce fameux Bill. Et ils remarquent que l'humeur de la jeune femme change selon qu'elle a reçu ou non la veille un appel de son ami de cœur.

Autre fait singulier : Hillary n'admet pas que l'on puisse douter du brillant avenir qui attend son ami Bill. Son supérieur immédiat, Bernard Nussbaum, procureur fédéral adjoint de New York, s'en rend compte un jour en allant la reconduire à la maison après une autre longue journée de travail.

« Ça me semble farfelu », dit Nussbaum à Hillary en apprenant que Bill Clinton a décidé de briguer un siège à la Chambre. « Je pense qu'il devrait prendre un peu d'expérience avant. »

Mais Hillary n'en démord pas. Selon le dialogue recréé par Gail Sheehy, une de ses biographes, elle enchaîne : « Après la Chambre, il visera le poste de gouverneur. Et, Bernie, mon fiancé sera président des États-Unis. »

À la fois étonné et excédé par la naïveté de sa collègue, Nussbaum s'exclame : « Hillary, c'est la chose la plus ridicule que j'aie jamais entendue ! Comment peux-tu dire que ton ami de cœur sera président des États-Unis ? C'est dingue ! »

Et Hillary, jeune femme modèle, de descendre de la voiture et de s'écrier en claquant la porte : « Espèce de trouduc ! Bernie, tu es un imbécile ! Tu ne connais pas ce gars-là. Je le connais. Ne me fais donc pas la leçon. Il sera président des États-Unis ! »

Mais le rêve immédiat d'Hillary se heurte à la réalité. Plutôt que de faire face à une procédure de destitution, Richard Nixon choisit en août 1974 de devenir le premier président américain à démissionner, mettant fin à l'emploi d'Hillary à

Washington. Et, trois mois plus tard, Bill Clinton subit sa première défaite électorale.

Il faudra que s'écoulent 18 ans avant qu'Hillary puisse réaliser son rêve de vivre à Washington avec Bill.

★ **24** ★

En décidant de rejoindre et de marier Bill Clinton en Arkansas, Hillary a non seulement fermé les yeux sur la libido débridée de son homme, mais elle a également consterné ses amies féministes.

Betsey Wright et Sara Erhman ont connu Hillary au Texas quand elles travaillaient à ses côtés au sein de la campagne présidentielle de George McGovern, en 1972. Féministes de la première heure, elles ont perçu chez cette jeune femme intense, sérieuse et brillante des qualités exceptionnelles de leader. Wright a même conclu dès lors qu'Hillary pourrait devenir la première femme présidente des États-Unis.

L'organisatrice électorale a aussi vu de près la nature singulière de la relation qui unissait Bill et Hillary à l'époque. Bill était capable de provoquer chez Hillary des éclats de rire francs et gutturaux qui détonnaient avec sa réserve habituelle. De toute évidence, il y avait entre ces deux-là une complicité exceptionnelle où entraient leur désir commun de servir, leur passion pour la politique, leur curiosité intellectuelle.

Or, en prêtant main-forte à Bill lors de sa première campagne électorale en Arkansas, Betsey Wright a aussi compris que cet homme était incapable de contrôler ses pulsions sexuelles. «Partout des filles lui tombaient dans les bras comme s'il avait été une rock star», a confié Wright au journaliste et auteur Carl Bernstein. Selon elle, Bill avait toujours l'air de dire : « "Hillary compte énormément pour moi, c'est l'une des personnes les plus extraordinaires que je connaisse. Mais, dites-moi, vous ne la trouvez pas mignonne, cette petite qui me court après ?" Voilà comment ça se passait. »

Hillary se doutait de ce qui se passait autour de Bill pendant qu'elle aidait à préparer l'*impeachment* de Richard Nixon. Après la démission du président, elle a d'ailleurs pu confirmer toutes ses craintes lorsqu'elle est arrivée à Fayetteville, siège du quartier général de la campagne de Bill. Pragmatique, elle a aussitôt fait appel à l'un de ses frères pour éloigner de Bill une étudiante encore plus entreprenante et ambitieuse que les autres.

Or, malgré toutes les frasques de Bill, malgré toutes ses querelles avec lui – querelles qui se terminaient souvent par des mamours –, Hillary a fini par accepter la demande en mariage de son Viking de l'Arkansas, au grand dam de Betsey Wright et de Sara Ehrman, qui avait été codirectrice de la campagne présidentielle de McGovern. Cette dernière a tenté jusqu'au dernier moment de dissuader son amie d'aller se terrer dans un trou comme l'Arkansas. À son avis, la place d'une avocate prometteuse et talentueuse comme Hillary se trouvait à New York, à Washington ou à Chicago, pas à Lafayette !

Peine perdue : Bill et Hillary se sont mariés le 11 octobre 1975 lors d'une cérémonie célébrée dans le salon de la maison que le marié venait d'acheter à Fayetteville. La réception a eu lieu dans le jardin d'un couple de voisins. S'y trouvaient des étudiants de Bill, des membres du Parti démocrate local et des gens d'affaires, dont Don Tyson, propriétaire de Tyson Foods, le plus grand employeur de l'Arkansas, qui s'intéressait à l'avenir politique de celui qui songeait déjà à briguer le poste d'*attorney general* (ministre de la Justice) de l'État à l'occasion des élections de 1976.

Dans son compte rendu du mariage, l'*Arkansas Democrat-Gazette* a surtout insisté sur le fait que la mariée avait annoncé, lors de la réception, qu'elle garderait son nom de jeune fille, comme quoi elle n'avait pas complètement tourné le dos aux idéaux féministes. Or, après avoir lu l'article, un ami de Bill lui a dit : « Hillary Rodham sera ton Waterloo. »

Au nombre des personnes consternées par la décision d'Hillary (et par son refus de porter une vraie robe de mariée) : Virginia, la mère de Bill…

★ 25 ★

En 1979, lors de la première année de Bill Clinton au poste de gouverneur de l'Arkansas, Hillary Rodham a décroché le gros lot en matière immobilière, professionnelle, financière et personnelle.

Portant désormais le titre de première dame de l'Arkansas, Hillary a d'abord emménagé au début de l'année dans la résidence officielle du gouverneur, dont le loyer, le personnel et les autres à-côtés étaient à la charge de l'État. Quelques mois plus tard, grâce à l'appui de Vince Foster et de Webster Hubbell, deux collègues et amis, elle est devenue la première avocate associée au sein du cabinet juridique Rose, le plus vénérable de Little Rock, capitale de l'État. Âgée de 32 ans, elle y était entrée seulement trois années plus tôt, peu après l'élection de son mari au poste d'*attorney general* de l'Arkansas. Parmi la liste de clients du cabinet Rose figuraient les trois plus gros employeurs de l'État : Stevens Inc., Tyson Foods et Wal-Mart. De toute évidence, la question des conflits d'intérêts n'a pas pesé lourd dans l'embauche et la promotion d'Hillary.

Désireuse d'assurer les arrières de sa famille, la première dame de l'Arkansas a également connu un franc succès sur le plan financier. Avant la fin de l'année 1979, elle a empoché un bénéfice « renversant » (son mot) de 10 000 % sur un placement initial de 1 000 $ effectué dix mois plus tôt dans le marché à terme des matières premières.

Ce profit de près de 100 000 $ suscitera la controverse après l'élection de Bill à la présidence. Hillary expliquera d'abord qu'elle s'était basée sur des informations glanées dans le *Wall Street Journal* pour la guider dans ses transactions au fil de 1979. Jim Blair, avocat principal du géant alimentaire de l'Arkansas Tyson Foods, offrira une version plus crédible. Rompu au marché à terme des matières premières, il avouera avoir aidé la première dame de l'État à faire fructifier sa mise initiale, ce qu'Hillary finira par admettre dans son autobiographie.

Mais revenons au bonheur d'Hillary en 1979. Un événement inattendu est venu illuminer sa vie personnelle au cours de l'année : après plusieurs essais infructueux, Hillary a fini par tomber enceinte lors de brèves vacances aux Bermudes, preuve additionnelle de «l'importance de décrocher à intervalles réguliers», notera-t-elle dans son autobiographie.

UN PEU D'HISTOIRE

Hillary n'a pas toujours eu la main heureuse en affaires. En 1978, elle s'est associée avec Bill et deux de leurs amis, Jim et Susan McDougal, pour investir dans une société d'aménagement immobilier appelée Whitewater Development, qui allait plus tard leur causer de sérieux ennuis politiques.

En tant qu'avocate du cabinet Rose, Hillary a également fait des démarches en 1985 auprès d'une agence de l'État de l'Arkansas pour le compte de ce même Jim McDougal, qui tentait alors de sauver de la faillite un établissement bancaire dont il était l'actionnaire principal (Madison Guaranty Savings and Loan).

Ces deux affaires distinctes ont composé les éléments fondamentaux de l'affaire Whitewater, soulevant notamment la question de conflits d'intérêts. En 1994, elles allaient forcer Bill Clinton à nommer un procureur spécial. Cette désignation allait elle-même mener à l'enquête tous azimuts du procureur indépendant Kenneth Starr, qui devait s'intéresser au procès civil de Paula Jones, puis à une certaine Monica Lewinsky...

CHELSEA

Née le 27 février 1980, la fille des Clinton doit son prénom à...

CHELSEA BROWN
(ACTRICE AMÉRICAINE)

CHELSEA
(ANCIEN ARRONDISSEMENT DE LONDRES)

CHELSEA
(QUARTIER DE NEW YORK)

CHELSEA MORNING
(CHANSON DE JONI MITCHELL)

CHELSEA
(GROUPE FOLK AMÉRICAIN)

Réponse : *Chelsea morning*. Bill et Hillary avaient tous les deux un faible pour cette chanson de la chanteuse canadienne Joni Mitchell.

Hillary a adopté le nom de son mari après
sa défaite lors de l'élection de 1980 au poste
de gouverneur de l'Arkansas.

Cette «affaire de nom», comme l'ont appelé les conseillers de
Bill Clinton, a d'abord surgi lors de sa première campagne
au poste de gouverneur de l'Arkansas, en 1978 (le mandat de
gouverneur de cet État était alors de deux ans). Ses adversaires
politiques ont non seulement déploré le fait que sa femme
exerçait une profession, mais aussi qu'elle refusait de prendre
son nom. «Votre femme ne vous aime-t-elle pas?» a demandé
une électrice au candidat dans une lettre.

Ce genre de question n'a pas empêché Bill Clinton de remporter
le scrutin avec 63% des voix et de devenir, à 32 ans, le plus
jeune gouverneur des États-Unis. N'empêche, quelques mois
plus tard, Hillary a dû défendre sa décision de ne pas utiliser
le nom de son mari lors d'une entrevue télévisée, preuve que
la question n'était pas réglée.

«Je ne voulais pas que quiconque puisse penser que je profite
de sa position», a dit la première dame de l'Arkansas. «Je
pensais qu'il était essentiel de faire la distinction entre ma
carrière juridique et mes obligations en tant que femme de
Bill. Ma décision de garder mon nom de fille tenait également
à la réputation professionnelle que j'avais déjà établie.»

La défaite de Bill Clinton, lors de l'élection de 1980, ne s'explique pas seulement par cette «affaire de nom», loin de là.
Mais son adversaire républicain l'a exploitée à fond tout au
long de la campagne, s'assurant notamment de toujours présenter sa femme aux électeurs sous le nom de «Mme Frank
White».

Battu par 48% des voix contre 52%, Bill a été incapable de
prononcer son discours de défaite tellement il était «anéanti»,
pour reprendre le mot d'Hillary. Mais celle-ci n'a pas tardé à

tout mettre en œuvre pour préparer le retour politique de son mari. Elle s'est d'abord évertuée à lui remonter le moral, puis à mobiliser son amie Betsey Wright, organisatrice par excellence, et le sondeur Dick Morris. Ensemble, ils ont jeté les bases de la campagne électorale de 1982.

À la veille de cette course, Hillary a également offert à son mari un cadeau politique qu'il a d'abord refusé : elle était prête à prendre son nom. Bill s'est finalement laissé convaincre, comme il l'a raconté en 1994 lors d'une interview à l'hebdomadaire *The New Yorker*. « Elle se rendait compte que cet aspect de l'image que nous donnions aux électeurs les avait éloignés de nous. Alors elle m'a dit… je ne l'oublierai jamais… je l'ai tant respectée pour ça parce qu'elle est venue me voir et m'a dit : "Il faut qu'on parle de cette affaire de nom." Elle a dit : "Je ne pourrais pas le supporter – si on décide d'y aller, tâchons de gagner. Je ne le supporterais pas si ça devait te faire perdre les élections. Dans le fond, ça n'a plus tellement d'importance pour moi." »

Bill a déclaré son intention de briguer à nouveau le poste de gouverneur de l'Arkansas le 27 février 1982, jour du deuxième anniversaire de Chelsea. Après cette annonce, Hillary a tenté de régler une fois pour toutes cette « affaire de nom » devant les journalistes : « Je n'ai pas besoin de changer mon nom. Je suis Mme Bill Clinton. J'ai gardé mon nom Hillary Rodham dans ma vie professionnelle, mais je vais maintenant me mettre en congé de mon cabinet pour me consacrer à temps plein à la campagne de Bill, et je serai Mme Clinton. Je crains que les gens finissent par se fatiguer d'entendre parler de Mme Bill Clinton. »

En fait, Mme Bill Clinton a joué un rôle de premier plan dans la campagne de 1982, dont elle a été dans les faits le principal stratège politique. Bill avait sans doute le charisme et l'intelligence d'un grand politicien, mais il n'aurait probablement pas réussi son retour politique sans la discipline, la détermination et l'abnégation de sa femme.

À partir de 1983, Hillary Clinton s'est vu confier par son mari ce qui allait devenir son œuvre emblématique en tant que gouverneur : la réforme du système d'enseignement de l'Arkansas.

« Remercions Dieu pour le Mississippi! » Au tournant des années 1980, dans l'Arkansas, les adeptes de l'humour noir employaient souvent cette formule pour se consoler. Au moins, leur État ne se classait pas au dernier rang pour tous les indicateurs sociaux! Or, pour ce qui concernait le taux de réussite scolaire, c'était bel et bien le cas. Moins de 10 % des résidents de l'Arkansas détenaient un diplôme universitaire. Et dans certains coins de l'État, les enseignants gagnaient moins de 10 000 $ par année, ce qui les rendait admissibles aux bons de nourriture offerts par le gouvernement fédéral aux indigents.

Pour sortir le système d'éducation de l'Arkansas du Moyen Âge, Bill Clinton a donc nommé sa femme à la tête d'une commission sur les normes de l'enseignement dans l'État. Prenant un nouveau congé de son cabinet juridique, Hillary s'est lancée corps et âme dans ce défi, organisant d'abord des audiences publiques dans toutes les circonscriptions de l'État et proposant ensuite un programme de réformes incluant l'école maternelle obligatoire, une limite de 20 élèves par classe et des tests d'aptitude pour les enseignants, dont certains savaient à peine lire et écrire.

Après avoir présenté ce programme lors d'un discours de 90 minutes devant les parlementaires de l'État, l'un d'eux, qui représentait une circonscription rurale, s'est écrié : « Ma foi, les gars, je me demande si on ne s'est pas trompé de Clinton aux élections! »

Restait à convaincre la population de l'Arkansas d'accepter une hausse de la taxe de vente pour financer ces réformes, décrites par Bill Clinton comme étant essentielles à la compétitivité économique de l'État. Selon un sondage mené par Dick Morris, 50 % des électeurs étaient favorables à l'augmentation de cette taxe. Mais ce pourcentage passait à 85 % si les réformes incluaient des tests d'aptitude pour les enseignants, qui s'y opposaient farouchement. Des enseignants afro-américains ont notamment accusé les Clinton de racisme.

Or, comme l'avait prédit Dick Morris, plus les enseignants critiquaient les Clinton, plus leur popularité augmentait dans l'ensemble de la population. Et, malgré tous ses efforts, le syndicat des enseignants n'est parvenu ni à faire tomber Bill Clinton lors des élections suivantes ni à faire abroger les tests d'aptitude.

Et quels ont été les résultats des réformes pilotées par Hillary Clinton ? En quatre ans, le pourcentage des finissants du secondaire qui entreprenaient des études supérieures est passé de 38 % à 50 %. Des cours de langues étrangères, de mathématiques supérieures et de sciences ont été instaurés dans tous les établissements de l'État. La réforme a également atteint ses objectifs sur le plan du nombre d'élèves par classe et de l'uniformisation des programmes.

Cette réussite allait évidemment guider Bill Clinton dans son choix de confier à Hillary sa réforme du système de santé après son élection à la présidence, en 1992. Mais n'aurait-elle pas dû inciter le gouverneur à déclarer sa candidature à la Maison-Blanche dès 1988 ?

Pas si vite, cowboy !

Comme tous les proches de Bill Clinton, Hillary
a eu le souffle coupé en apprenant que son mari
ne briguerait pas la présidence en 1988.

Le 15 juillet 1987 : deux heures avant l'annonce officielle de la
candidature de Bill Clinton à la présidence, Hillary se
retrouve dans la salle à manger de la résidence du gouverneur de l'Arkansas avec quelques proches collaborateurs de
son mari et des journalistes sympathisants. Bill se fait
attendre. Sur la galerie arrière de la résidence, il discute avec
deux amis.

Au bout d'un long moment, il apparaît dans la salle à manger,
le visage exsangue. «Je ne serai pas candidat», lâche-t-il devant
son auditoire estomaqué.

Hillary, qui s'était mobilisée avec enthousiasme pour cette
première campagne présidentielle, ne comprend pas plus que
les autres ce qui se passe. Elle ne sait pas encore que, deux
jours plus tôt, Bill a eu une confrontation traumatisante avec
Betsey Wright, sa chef de cabinet et collaboratrice de longue
date, et une autre personne qui n'a jamais été identifiée.

Bien au courant du libertinage du gouverneur, Wright a énu-
méré devant lui une longue liste de femmes, dont une certaine
Gennifer Flowers, lui demandant s'il avait ou non couché
avec elles, et si oui, à combien de reprises et quelles étaient
les chances qu'elles se mettent à parler aux journalistes.
Après avoir passé en revue la liste une deuxième fois, Wright
a annoncé à Bill qu'il ne pouvait pas briguer la présidence.
Surtout pas après l'émoi médiatique causé par la décision du
sénateur démocrate du Colorado Gary Hart de se retirer de la
course en raison des révélations sur sa liaison extraconjugale
avec Donna Rice.

Constatant que Clinton n'avait pas bien compris son message,
Wright a enfoncé le clou en lui disant que sa relation avec

sa fille de sept ans ne serait jamais plus la même après les scandales qui ne manqueraient pas d'éclater pendant une campagne.

Ainsi, à midi, le 15 juillet 1987, Bill Clinton se rend à l'hôtel Excelsior de Little Rock pour annoncer sa décision inattendue à une foule de journalistes, partisans et amis venus des quatre coins des États-Unis. Plusieurs d'entre eux ne parviennent pas à retenir leurs larmes en écoutant les explications du gouverneur.

« L'une des raisons qui motive ma décision, et qui est la plus importante, c'est l'impact négatif que cette campagne ne manquerait pas d'avoir sur ma fille. Le seul moyen de remporter la victoire en rejoignant la course aussi tard aurait été de me lancer sur les routes à plein temps aujourd'hui même et jusqu'à la fin de la campagne, et de demander à Hillary de faire la même chose... J'ai vu beaucoup d'enfants grandir en ayant à subir ce genre de contraintes, et il y a bien longtemps je me suis promis que si jamais, un jour, j'avais la chance d'avoir un enfant, celui-ci n'aurait pas à grandir en se demandant qui est son père. »

Hillary est livide. Elle ne sait encore rien de l'intervention de Betsey Wright, mais elle se doute de la réalité qui se cache derrière les mots émouvants de son mari.

★ **30** ★

Hillary a songé à briguer le poste de gouverneur de l'Arkansas en 1990.

Durant la pire période de sa vie de couple avec Bill Clinton, à la fin des années 1980, la première dame de l'Arkansas a demandé au sondeur Dick Morris de tâter le pouls de la population de l'État afin de jauger ses chances d'être élue en tant que candidate indépendante au poste de gouverneur (si Bill ne se présentait pas, bien entendu). À l'époque, son mari n'était pas certain de vouloir solliciter un sixième mandat ou même de vouloir continuer son mariage avec Hillary (il était tombé amoureux de Marilyn Jo Jenkins, une cadre de marketing dans la jeune quarantaine).

Les résultats du sondage ont ébranlé Hillary. Malgré son rôle dans la réforme du système d'enseignement de l'Arkansas, les électeurs de l'État la voyaient comme la femme du gouverneur, un point c'est tout.

Après avoir renoncé à l'idée de briguer les suffrages, Hillary s'est attelée à la tâche de sauver son mariage. De toute évidence, elle avait un seuil élevé de tolérance concernant les infidélités de son mari, qu'elle avait tendance à mettre sur le compte des carences affectives de sa jeunesse. Elle n'avait pas oublié non plus l'admonition de sa mère contre le divorce. Elle avait d'ailleurs refusé une demande de Bill à ce sujet. Mais il était indéniable que la boulimie sexuelle de ce dernier mettait en péril la carrière politique pour laquelle elle avait sacrifié une partie de ses aspirations personnelles.

À la veille de l'élection de 1990, Hillary a donc réclamé à Bill des aveux sur ses liaisons extraconjugales et la promesse qu'il tenterait d'y mettre fin. La rumeur veut même qu'elle ait obtenu que son mari consulte un spécialiste pour sa dépendance au sexe.

Chose certaine, le couple est resté ensemble et s'est mis à planifier une course à la Maison-Blanche quelques mois à peine après la réélection de Bill au poste de gouverneur de l'Arkansas.

DEUX POUR LE PRIX D'UN

« Je suppose que j'aurais pu rester à la maison
pour faire des cookies et servir le thé. »

★ **31** ★

À la veille du lancement de la première campagne
présidentielle de Bill Clinton, Hillary a convenu avec
lui d'un plan pour dissuader les journalistes sérieux
de fouiner dans leur vie privée.

«Il faut qu'on mette fin à tout ça», a déclaré Hillary en faisant
allusion aux rumeurs sur les infidélités de Bill lors d'une
rencontre avec les conseillers de son mari. Alors que celui-ci
aurait préféré pouvoir dire aux journalistes qu'il ne répondrait
pas aux questions sur sa vie privée, Hillary a fini par
convaincre l'intéressé et ses collaborateurs de la nécessité
d'une action préventive.

Bill s'est donc mis à répéter une formule qui lui permettait de
reconnaître que sa femme et lui avaient eu des problèmes de
couple, sans toutefois aller dans les détails, et en précisant
que leurs problèmes appartenaient bel et bien au passé. Il

devait se servir de cette formule le 16 septembre 1992 au Capital Hilton Hotel, où se tenaient les petits-déjeuners hebdomadaires organisés par le journaliste Godfrey Sperling, du *Christian Science Monitor*. Depuis les années 1960, ce rendez-vous était devenu incontournable pour les aspirants présidentiels qui s'apprêtaient à annoncer leur candidature. C'était pour eux l'occasion de rencontrer les grosses pointures du journalisme à Washington, et vice-versa.

Fait étonnant, aucun des journalistes présents n'a soulevé la question des rumeurs avant que Bill, assis à côté d'Hillary, invite lui-même l'un d'eux à le faire. Sa réponse n'avait rien de spontané, cela s'entend : «Comme presque tous les couples qui vivent ensemble depuis 20 ans, tout n'a pas été parfait dans notre relation et nous avons connu des difficultés, mais nous sommes parvenus à les surmonter ; nous avons des engagements l'un envers l'autre et nous avons bien l'intention d'être ensemble dans 30 ou 40 ans, que je me porte candidat à la présidence ou pas.»

En lisant dans le *Christian Science Monitor* le compte rendu de Godfrey Sperling sur les retombées du petit-déjeuner, Hillary et Bill ont dû exécuter quelques pas de gigue. «M. Clinton a eu droit à la note maximum dans les articles publiés par les quelque 40 journalistes présents ce jour-là, a écrit Sperling. Ce test avait précisément pour but de savoir si les rumeurs courant sur son infidélité ne risquaient pas d'être un poids trop lourd à traîner pour pouvoir mener une campagne victorieuse. Les journalistes ont réagi avec bienveillance et une sympathie toutes particulières lorsqu'il a reconnu que, comme tant d'autres couples, Hillary et lui avaient bien été confrontés à des problèmes personnels et qu'ils étaient parvenus à les résoudre.»

Et Sterling d'ajouter : «Mme Clinton a acquiescé en hochant vigoureusement la tête.»

Mais les journalistes sérieux n'auraient bientôt plus le choix d'ignorer la vie privée de Bill…

Hillary Clinton a quitté en 1992 le conseil d'administration de cette société après y avoir siégé pendant six ans...

A. Tyson Foods
B. Coca-Cola
C. Wal-Mart
D. Stephens Inc.
E. Boeing

Réponse : C. Hillary a siégé au sein du conseil d'administration de Wal-Mart de 1986 à 1992, présidant notamment un comité chargé de faire en sorte que les pratiques de la société de l'Arkansas soient plus respectueuses de l'environnement.

Hillary a partagé avec une amie intime un slogan secret encore plus audacieux que le «deux pour le prix d'un» de son mari.

Le 3 octobre 1991, en annonçant sa candidature devant le vieux Capitole de Little Rock, en Arkansas, Bill Clinton a laissé à la postérité cette formule célèbre : «Quand vous pensez à Hillary, pensez à notre slogan réel : deux pour le prix d'un !»

Le candidat démocrate voulait ainsi vanter l'expérience et l'intelligence de sa femme, qui n'était pas seulement sa partenaire dans sa vie privée, mais également dans sa vie politique. Une partenaire à part entière qui pourrait tout aussi bien que lui être assise dans le Bureau ovale et dont l'opinion et l'action lui permettraient d'accomplir encore mieux sa tâche présidentielle.

Mais Hillary a préféré garder pour elle et une de ses confidentes, Linda Bloodworth-Thomason, le slogan qu'elle a inventé à la même époque : «Huit années de Bill, huit années d'Hill».

Ce scénario ne semblait pas déplaire à Bill Clinton. Lors d'une entrevue accordée au magazine *Vanity Fair* au début de 1992, il ne s'est pas formalisé de l'attention accordée à sa femme et de l'enthousiasme de ses admirateurs qui croyaient qu'«elle pourrait être présidente, aussi».

«Alors, après huit années de Bill Clinton, huit années d'Hillary Clinton ?» a demandé la journaliste de *Vanity Fair* au gouverneur de l'Arkansas.

«Pourquoi pas», a-t-il répondu.

★ 34 ★

Hillary a probablement sauvé la campagne présidentielle de son mari lors de l'émission *60 Minutes* diffusée quelques jours après les allégations de Gennifer Flowers.

Hillary connaissait le nom de Gennifer Flowers bien avant qu'il apparaisse à la une du *Star*, un tabloïd de supermarché, le 23 janvier 1992. Lors d'un procès intenté en 1990 à Little Rock par un ancien employé de l'État de l'Arkansas, l'ex-chanteuse de bar aux lèvres pulpeuses et aux cheveux blonds avait été l'une des cinq femmes qui avaient fait une déclaration sous serment dans laquelle elles niaient avoir eu des relations sexuelles avec Bill Clinton. La voilà qui changeait de refrain dans une interview payée, affirmant avoir entretenu avec le gouverneur de l'Arkansas une liaison pendant 12 ans, ce que ce dernier niait.

Deux jours après la parution de l'article du *Star*, Hillary a donné le ton de la réplique de l'équipe Clinton lors d'une réunion publique au New Hampshire, l'État qui devait tenir, un mois plus tard, les premières primaires de la course à la Maison-Blanche.

«De mon point de vue, notre couple est un couple solide. Nous nous aimons, nous nous épaulons et nous avons vécu des expériences fortes et importantes qui nous ont considérablement marqués», a-t-elle déclaré, tout en admettant des «problèmes» qui ne regardaient qu'eux-mêmes.

Cette première sortie allait cependant être éclipsée dès le lendemain par la prestation d'Hillary lors de l'émission de *60 Minutes* diffusée après le Super Bowl, le championnat de football américain. Vêtue d'un tailleur turquoise, assise sur un divan à côté de Bill, la première dame de l'Arkansas a d'abord fait appel au sens de l'équité des téléspectateurs.

«Il n'y a pas une personne qui regarde cette émission qui serait à l'aise d'être assise sur ce divan et d'avoir à détailler tout ce qui s'est passé dans sa vie ou son mariage. Et je pense qu'il serait très dangereux, pour ce pays, de ne plus accorder à tout le monde une certaine protection de leur vie privée», a-t-elle déclaré sur un ton assuré au journaliste Steve Croft, qui interrogeait le couple.

Un peu plus tard, après que Bill eut nié que son mariage n'était qu'«une sorte d'arrangement», Hillary est intervenue de nouveau pour formuler la réplique la plus mémorable de l'interview : «Voyez-vous, je ne suis pas simplement assise là comme une petite femme défendant son homme, comme Tammy Wynette. Je suis là parce que je l'aime, parce que je le respecte, parce que je rends hommage à ce par quoi il est passé, à ce par quoi nous sommes passés. Et si cela ne suffit pas aux gens, alors, zut! ils n'auront qu'à ne pas voter pour lui!»

L'allusion à Tammy Wynette n'a plu ni aux conservateurs ni à l'interprète de la célèbre chanson country *Stand By Your Man*, qui a cependant accepté le surlendemain les excuses d'Hillary.

Flowers est par ailleurs revenue à la charge le lendemain de l'émission *60 Minutes*. Lors d'une conférence de presse à New York, elle a diffusé des extraits d'enregistrements de conversations téléphoniques avec Bill, qui lui conseillait notamment de «tout nier».

Qu'à cela ne tienne : les conseillers de Bill ont célébré la performance d'Hillary à l'émission *60 Minutes*. À leur avis, elle avait sauvé la peau de leur candidat en refusant de jouer le rôle de la victime des frasques de son mari. Celui-ci avait seulement reconnu avoir causé du tort à son couple.

«La grande majorité des gens ont dit : "Regardez, c'est sa femme, ils sont bien"», expliquera plus tard James Carville, directeur de la campagne de Bill Clinton en 1992. «De toute évidence, s'il y était allé sans elle, il y aurait eu un gros vide.»

Le directeur des communications de la campagne, George Stephanopoulos, ajoutera : «Une fois que le couple est ensemble, le message au reste du monde est clair : "C'est notre affaire, pas la vôtre."»

Six années plus tard, lors d'une déposition sous serment, Bill Clinton finira par avouer avoir eu une relation sexuelle avec Flowers – une seule – en 1977.

COUP DE SONDE

Les répondants d'un sondage mené par la maison Yankelovich Clancy Shulman fin mars 1992 ont utilisé les mots suivants pour décrire Hillary Clinton : intelligente (75 %) ; ferme et résolue (65 %) ; un exemple à suivre pour les femmes (48 %) ; une féministe dans le meilleur sens du terme (44 %) ; assoiffée de pouvoir (44 %) ; trop intense (36 %) ; une femme qui domine son mari (28 %).

Après l'incident Flowers, Hillary a manœuvré
pour que les médias parlent aussi des aventures
extraconjugales de George Bush.

Indignée de l'indifférence de la presse à l'égard des rumeurs
d'infidélité du président républicain, Hillary a d'abord fait
une suggestion audacieuse et étonnante aux conseillers de
son mari selon les carnets de son amie Diane Blair, politologue à l'Université de l'Arkansas, qui préparait un livre
sur la campagne présidentielle et qui jouissait d'un accès
complet auprès de l'équipe de Bill Clinton. Pourquoi ne pas
fournir en sous-main à des journalistes des informations
sur Jennifer Fitzgerald? Selon des gens bien informés, cette
femme avait noué avec George Bush père une liaison à
l'époque où il était ambassadeur à Pékin et avait été nommée
à un poste au département d'État après son installation à la
Maison-Blanche en tant que président.

Les conseillers de Bill ont tenté de raisonner Hillary en évoquant les risques d'une telle manœuvre. Et si un journaliste
révélait la source des informations sur l'infidélité de Bush?
Mais il en fallait plus pour détourner Hillary de son objectif.
Ainsi, lors d'une entrevue avec la journaliste Gail Sheehy du
magazine *Vanity Fair*, elle est revenue d'elle-même sur le
sujet en rappelant une conversation qu'elle venait d'avoir avec
Anne Cox Chambers, héritière et présidente d'un empire des
médias. «Elle était assise dans son solarium et m'a dit: "Vous
savez, je ne comprends pas pourquoi ils pensent qu'ils peuvent
s'en sortir comme ça – tout le monde est au courant concernant George Bush". Et elle s'est mise à décrire longuement
les aventures de Bush, qui sont apparemment bien connues à
Washington.»

Après la publication de cette déclaration dans le numéro de
mars 1992 du magazine *Vanity Fair*, Barbara Bush s'est indignée à son tour. «Babs Bites Back», titrait le *New York Post*

en faisant allusion à la réplique de la première dame des États-Unis, qui trouvait qu'Hillary était descendue bien bas.

Cette fois-ci, c'est Bill qui est venu à la rescousse de sa femme. «Vous savez, nous commettons tous des erreurs de temps en temps», a-t-il déclaré devant les journalistes à trois jours de la primaire de New York, réprimant avec peine un sourire.

★ **36** ★

Hillary s'est chargée de la réponse (désastreuse) de l'équipe Clinton aux premières questions sur ce qui allait devenir l'affaire Whitewater.

«Va te faire foutre, Jeff Gerth!» Cette formule résume l'attitude d'Hillary et de ses plus proches collaborateurs à l'égard du journaliste du *New York Times* qui enquêtait sur l'achat d'un terrain dans l'Arkansas par les Clinton et leurs amis Susan et Jim McDougal, en 1978. Les Clinton avaient fini par perdre de l'argent dans cette opération immobilière qui devait leur permettre de diviser le terrain situé sur le bord de la White River en 45 lots et de les revendre à profit.

Gerth s'intéressait aussi aux malversations de McDougal à la tête de la caisse d'épargne Madison Guaranty. L'homme d'affaires avait retenu les services d'Hillary en tant qu'avocate au milieu des années 1980. Aiguillonné par des républicains de l'Arkansas, le journaliste subodorait un scandale impliquant les Clinton et ce McDougal.

À la décharge d'Hillary, il faut rappeler qu'elle et son mari en avaient déjà plein les bras lorsque Gerth s'est présenté en février 1992 au New Hampshire avec ses questions. Après l'incident Flowers, les Clinton devaient faire face à la controverse sur les manœuvres de Bill pour échapper à la conscription au temps de la guerre du Vietnam. Dans ce contexte, les déboires de la société immobilière Whitewater et les frasques de Jim McDougal représentaient un problème mineur, voire absurde, à leurs yeux. Après tout, n'avaient-ils pas perdu des dizaines de milliers de dollars dans cette affaire ?

N'empêche, Hillary a fini par accepter de dépêcher une collaboratrice pour répondre à certaines questions du journaliste et lui remettre certains documents, mais pas tous. Elle a notamment gardé pour elle ses relevés d'honoraires à titre d'avocate au sein du cabinet Rose.

Le 8 mars 1992, le *New York Times* publiait son premier article sur l'opération Whitewater. Étalée à la une du journal, l'enquête de Jeff Gerth comportait plusieurs erreurs et insinuations non fondées, à commencer par son titre : « Les Clinton ont réalisé une opération immobilière dans les monts Ozarks en association avec un opérateur de société de crédit ». Le hic, c'est que McDougal n'était qu'un professeur de science politique à l'Université baptiste d'Ouchita au moment d'investir dans le projet Whitewater avec les Clinton. Il ne deviendra l'actionnaire principal de Madison Guaranty que cinq ans plus tard.

Gerth a également laissé entendre de façon trompeuse que McDougal avait enfreint la loi en pigeant parmi les dépôts de Madison Guaranty pour financer le projet immobilier Whitewater, et qu'il avait joui d'un traitement de faveur de la part d'une agence gouvernementale de l'Arkansas. Dans *Her Way*, le livre sur Hillary Clinton qu'il a cosigné avec Don Van Natta en 2007, Gerth a lui-même admis que les éditeurs du *Times* avaient inséré « un certain nombre d'erreurs » en réécrivant son article et en le coiffant d'un « titre trompeur ».

L'article de Gerth n'a pas empêché Bill Clinton de sortir vainqueur du Super Tuesday, tenu deux jours après sa publication (11 États étaient en jeu en ce mardi 10 mars 1992). Mais il allait, à court terme, entraîner des répercussions sur la campagne présidentielle et, à long terme, provoquer une chaîne d'événements menant à la nomination de deux procureurs spéciaux pendant le premier mandat de Bill Clinton à la présidence et à son *impeachment* pendant le second.

Aurait-il pu en être autrement? Lanny Davis, qui a contribué à la gestion de plusieurs crises pour les Clinton, en est convaincu. Il a notamment reproché à Hillary d'avoir fait de l'obstruction à Gerth plutôt que de lui fournir tous les documents et réponses qu'il demandait.

«Cela a entraîné les journalistes dans la mauvaise direction parce qu'ils avaient l'impression que les Clinton essayaient de cacher quelque chose. Et il n'y avait rien à cacher. Mais c'est le ton qui a été donné», dira Davis.

★ 37 ★

Hillary a été l'objet de l'échange le plus brutal de la campagne présidentielle de 1992.

Le 15 mars 1992, avant-veille de primaires potentiellement déterminantes dans l'Illinois et le Michigan, les trois candidats encore dans la course à l'investiture démocrate se retrouvent à Chicago pour participer à un débat télévisé. Déjà conscient des torts causés par les articles de journaux sur l'affaire Whitewater, George Stephanopoulos a conseillé à Bill Clinton, le meneur, de réagir avec force et rapidité à la moindre mention de sa femme.

Vers la fin du débat, l'ancien gouverneur de la Californie Jerry Brown voit l'occasion de parler d'Hillary. On vient de demander aux deux rivaux de Bill Clinton si ses «problèmes» pourraient nuire à ses chances de vaincre George Bush. «Il me semble qu'il a un gros problème d'éligibilité. Un problème qui fait la une du *Washington Post* aujourd'hui», déclare Brown en faisant allusion à un article sur les liens entre le cabinet juridique Rose, dont Hillary était l'une des associées, et l'État de l'Arkansas.

« Il (Clinton) aiguille de l'argent vers le cabinet juridique de sa femme, tout en représentant les intérêts de l'État », ajoute l'ancien gouverneur, allant beaucoup plus loin que le *Post*.

Le visage empourpré, Clinton réplique aussitôt à Brown : « Permettez-moi de vous dire une chose, Jerry. Je me fiche de ce que vous pouvez dire de moi… mais vous devriez avoir honte de vous en prendre à ma femme. Vous n'êtes pas digne de faire partie du même camp qu'elle. Voilà Jerry qui s'amène, avec sa fortune familiale et ses costumes à 1 500 $, et qui lance des accusations mensongères contre ma femme. »

Brown ne lâche pas prise : « Dites-vous que le *Washington Post* a menti ? »

« J'affirme que je n'ai jamais fait passer de l'argent au cabinet juridique de ma femme. Absolument jamais », répond Clinton sur un ton catégorique.

Score final : Clinton 1, Brown 0. Mais Hillary s'empressera de faire tomber cette victoire dans l'oubli.

★ **38** ★

Hillary a commis sa pire gaffe de la campagne en donnant l'impression de mépriser les femmes au foyer.

Au lendemain du débat télévisé du 15 mars, Hillary se retrouve avec Bill au Busy Bee Coffee Shop, un restaurant de Chicago. Pendant que son mari serre les mains d'électeurs attablés devant leur petit-déjeuner, Hillary fait face à un groupe de journalistes, dont Andrea Mitchell de NBC. Celle-ci lui demande si la première dame de l'Arkansas n'avait pas malmené les règles de l'éthique en travaillant pour un cabinet juridique dont certains clients faisaient affaire avec des agences de l'État. Sa réponse intégrale est moins incisive que le premier bout de phrase qui sortira de sa bouche et qui tournera ensuite en boucle dans les médias : « Je suppose que j'aurais pu rester à la maison pour faire des cookies et servir le thé, mais j'ai décidé d'exercer ma profession, ce que j'avais commencé à faire bien avant que mon mari n'entre en politique. Je me suis donnée beaucoup, beaucoup de mal pour être aussi prudente que possible. C'est tout ce que je peux vous dire. »

« Ce ne fut ma plus grande démonstration d'éloquence », écrira Hillary dans son autobiographie. En fait, avec sa phrase sur « le thé et les cookies », elle a confirmé pour certains électeurs ce que les républicains l'accusaient d'être depuis sa référence à Tammy Wynette lors de l'interview de *60 Minutes*, à savoir une « féministe radicale », une « avocate féministe militante » et même l'égérie « idéologique d'une administration Clinton-Clinton qui mettrait en avant un programme féministe radical ».

Un mois plus tard, un mémorandum confirme les craintes de l'équipe Clinton. Le document explique les résultats de recherches menées auprès de groupes témoins. On peut y lire que certains électeurs clés sont convaincus qu'Hillary fait campagne aux côtés de son mari « pour son compte personnel » et qu'elle cherche à « prendre le pouvoir ». « Plus encore que Nancy Reagan, elle donne l'impression que "c'est elle qui commande" », écrit l'auteur du mémorandum en faisant allusion à l'épouse dominante de l'ancien président républicain.

Et d'ajouter : « L'absence de preuves d'affection visibles, d'enfants et de famille, ainsi qu'un goût trop marqué pour le travail et le pouvoir, ne font qu'aggraver un problème politique évident depuis le début. »

Hillary Clinton en 1992.

LADY MACBETH

À qui Hillary doit-elle d'avoir été surnommée « la Lady Macbeth de Little Rock »
pendant la campagne présidentielle de 1992 ?

BARBARA BUSH,
épouse du 41ᵉ président

PAT BUCHANAN,
candidat républicain
à la présidence

WILLIAM SAFIRE,
chroniqueur
du *New York Times*

SALLY QUINN,
journaliste du
Washington Post

BOB TYRRELL,
rédacteur en chef de
l'*American Spectator*

Réponse : Bob Tyrrell (R. Emmett Tyrrell, Jr.). Son magazine d'extrême droite allait écrire des choses bien pires après l'élection de Bill Clinton.

Hillary s'est soumise à un radical changement
d'image à la veille de la convention du Parti
démocrate qui a couronné son mari.

Elle s'est d'abord débarrassée de ses fameux serre-tête, qui
lui donnaient un air trop intellectuel ou BCBG. Elle s'est
ensuite rendue à Hollywood où son amie productrice, Linda
Bloodworth-Thomason, a mis à sa disposition trois stylistes,
histoire de transformer sa coiffure, sa garde-robe et son
maquillage. Elle est revenue de ce séjour avec un «look plus
doux et naturel, blond cendré», a rapporté *W*, le magazine
de mode auquel on avait livré tous les détails du *makeover*
hollywoodien d'Hillary.

Puis, elle s'est mise à accorder des entrevues à des magazines
féminins ou populaires, leur racontant notamment qu'elle
comptait être «une voix pour les enfants» à la Maison-Blanche.
Et elle a posé avec Chelsea pour le magazine *People*, une
décision allant à l'encontre de sa volonté de protéger l'intimité
de sa fille, alors âgée de 12 ans. «Je n'étais guère enthou-
siaste, mais je fus finalement convaincue par des études
montrant que les Américains, dans leur grande majorité, ne
savaient même pas que nous avions une fille… Mais il n'y
aurait plus d'articles ou d'interviews où elle apparaîtrait»,
écrira Hillary Clinton dans son autobiographie.

Enfin, la première dame de l'Arkansas a commencé à adopter
un comportement plus traditionnel en tant qu'épouse de
candidat présidentiel, comme l'a noté une journaliste du *New
York Times* à l'époque: «Après l'avoir saluée comme un nouveau modèle de femme capable de concilier famille et pratique
florissante du droit, les démocrates ont battu retraite devant
les critiques» et changé l'image d'Hillary pour celle «d'une
mère et d'une épouse plus douce et discrète qui tourne perpé-
tuellement vers son mari un regard admiratif.»

«Elle a adouci sa coiffure, sa garde-robe et son maquillage, allant même jusqu'à abandonner ses serre-tête de yuppie», a renchéri une éditorialiste du *Times*. «Tout ça pour se rendre plus maternelle, plus domestiquée, plus ordinaire, plus populaire.»

Pour compléter la transformation, les démocrates de Bill Clinton ont convenu que la «nouvelle Hillary» ne prendrait pas la parole à l'occasion de la convention du parti à New York.

Hillary Clinton à son arrivée à la Maison-Blanche.

UNE SAISON EN ENFER

« Ils ne lâcheront pas. Ils vont continuer à s'acharner,
quoi que nous fassions. Franchement, c'est sans issue. »

★ 41 ★

**Hillary a été la première première dame à avoir
un bureau dans l'aile ouest de la Maison-Blanche.**

Pas question pour elle de se plier à la tradition en travaillant dans l'aile est de la Maison-Blanche, haut lieu de mondanités, où les autres premières dames avaient leurs quartiers depuis la présidence d'Harry Truman. Pendant la période de transition qui a précédé l'arrivée des Clinton à la Maison-Blanche, Hillary a insisté pour s'installer dans l'aile ouest, haut lieu du pouvoir.

Une telle rupture avec la tradition n'a pas fait l'unanimité au sein de l'entourage de Bill Clinton. Vernon Jordan, codirecteur de la transition, s'y est opposé d'emblée. Avocat de Washington et ami des Clinton, il a fait valoir que la présence d'Hillary dans l'aile ouest risquait de raviver les inquiétudes du public au sujet d'une «coprésidence», de même que les critiques des républicains et les moqueries des humoristes.

Peine perdue : Hillary a eu son bureau à deux pas de celui de son mari. Pour l'épauler dans son travail, elle s'est également vue dotée d'une équipe de 20 personnes comprenant une chef de cabinet, une attachée de presse, une personne chargée de son emploi du temps et une responsable des voyages, entre autres. Non contente de régner sur ce qui allait bientôt être appelé le «Hillaryland», la nouvelle première dame a également tenté de sortir les journalistes de la Maison-Blanche pour les reléguer dans l'immeuble voisin, l'Executive Office Building.

Cette fois-ci, George Stephanopoulos, directeur des communications à la Maison-Blanche, a eu le dernier mot et mis son veto sur ce coup de force qui aurait à son avis été un suicide politique.

★ **42** ★

Après l'élection de son mari à la présidence, Hillary a manifesté un intérêt personnel pour toutes les fonctions suivantes, sauf une. Laquelle ?

A. Chef de cabinet

B. Ministre de l'Éducation

C. Ministre de la Justice

D. Ministre de la Condition féminine

E. Secrétaire d'État

Réponse : D. Hiillary s'est d'autant moins intéressée au ministère de la Condition féminine qu'il n'existait pas !

COUP DE SONDE

« Estimez-vous que la première dame doit assister aux réunions de cabinet du président ? » À cette question posée pour un sondage publié début 1993, le *Los Angeles Times* a recueilli ces réponses : oui 24 % ; non 68 % ; pas d'opinion 8 %.

★ **43** ★

En confiant à sa femme la réforme du système de santé américain, le président a fait fi des sombres prédictions de ses collaborateurs les plus expérimentés.

Lloyd Bentsen faisait figure de sage dans l'équipe mise sur pied par Bill Clinton après son élection à la Maison-Blanche. Nommé au poste de secrétaire au Trésor, ce démocrate modéré avait acquis une profonde connaissance du fonctionnement et de la culture politique de Washington, où il avait représenté le Texas à titre de sénateur pendant près de 20 ans. Or, à la veille de l'investiture du 42ᵉ président, il n'a pas hésité à exprimer son opposition à la nomination d'Hillary comme responsable de la réforme de la santé. Opposition à laquelle se sont joints d'autres poids lourds de la nouvelle administration démocrate, dont l'ancien représentant de la Californie Leon Panetta, désigné pour diriger le Bureau de la gestion et du budget, et l'ancienne présidente de l'Université du Wisconsin Donna Shalala, choisie par Hillary elle-même pour assumer la direction du ministère de la Santé et des Services sociaux.

Bentsen et d'autres formulaient deux objections principales à la nomination d'Hillary. À leurs yeux, une réforme de la santé, susceptible de transformer 17 % de l'économie américaine, ne pouvait être conçue et orchestrée à l'intérieur de la Maison-Blanche, et encore moins par la femme du président. Ce dernier se devait de maintenir une certaine distance relativement à ce processus périlleux, histoire de ne pas être trop éclaboussé en cas d'échec.

Les objectifs d'Hillary leur semblaient, par ailleurs, beaucoup trop ambitieux et coûteux. Celle qui était sur le point de devenir première dame parlait d'instaurer un système de santé universel dans lequel tous les Américains seraient dotés d'une assurance maladie. Elle envisageait en outre de confier au gouvernement fédéral la responsabilité de déterminer une série de prestations médicales de base que les assureurs privés seraient obligés de couvrir. Était-elle prête à faire des compromis ? Avait-elle le doigté politique pour mener à terme un dossier aussi émotif et complexe ? Bentsen et plusieurs poids lourds en doutaient.

Bill Clinton a sans doute été sensible à ces objections, mais il les a ignorées au final. Pourquoi ? Dans *A Woman in Charge*, sa biographie d'Hillary, Carl Bernstein ne s'éloigne peut-être pas trop de la vérité en citant ce commentaire d'un conseiller de la Maison-Blanche : « S'il était président, c'était en grande partie parce qu'elle l'avait soutenu dans l'affaire Gennifer Flowers. Alors il fallait qu'il paie sa dette. Elle voulait ce poste, et il ne voyait pas comment ne pas le lui donner. Par conséquent, il croisa les doigts et se jeta à l'eau avec elle. »

D'entrée, Hillary a commis une erreur funeste en choisissant comme principal lieutenant Ira Magaziner, personnage arrogant qui avait fait la connaissance du président à l'Université d'Oxford. Conseiller en gestion, Magaziner a mis sur pied un groupe de travail réunissant 500 experts divisés en 34 sous-groupes qui devaient présenter au bout de 100 jours leurs recommandations dans leur champ de compétence respectif. Compte tenu du nombre d'intervenants et de la complexité des dossiers, ce délai ne pouvait être respecté, et ne l'a pas été.

Hillary s'est attiré d'autres ennuis en exigeant que toutes les rencontres du groupe de travail soient tenues à huis clos. Sa hantise des fuites médiatiques l'a poussée à interdire aux experts de photocopier les ébauches de textes et même d'apporter de quoi prendre des notes. Cette obsession du secret n'était pas de nature à plaire à la presse ou aux élus du Congrès, qui ont dû recourir aux tribunaux pour obtenir les noms des membres du groupe de travail.

Comme si cela ne suffisait pas, Hillary s'est également mis à dos les élus de son propre parti. Lors d'une rencontre avec les sénateurs démocrates, elle a opposé un non catégorique au sénateur du New Jersey Bill Bradley, qui avait évoqué devant elle la nécessité d'apporter des modifications importantes à sa réforme pour assurer son adoption par le Congrès. La première dame lui a précisé que la Maison-Blanche était prête à «diaboliser» les membres du Congrès et de l'*establishment* médical qui voulaient amender ou bloquer sa réforme.

«Mon opinion sur Hillary était faite», dira Bill Bradley des années plus tard. «On ne dit pas à des sénateurs qu'on va les "diaboliser". C'était apparemment caractéristique de sa personnalité. Cette arrogance. Cette façon d'assimiler les gens qui posaient des questions à des ennemis. Ce dédain. Cette hypocrisie.»

Fin septembre 1993, Hillary et Magaziner ont fini par présenter au Congrès un projet de réforme de 1 342 pages. Or, faute d'appuis suffisants, le texte n'a jamais été soumis au Sénat ou à la Chambre des représentants. Les républicains n'ont cependant pas manqué d'utiliser cet échec retentissant pour attaquer Bill Clinton à l'approche des élections législatives de mi-mandat, en 1994. Élections qui leur ont permis de prendre le contrôle du Sénat et, pour la première fois en 40 ans, de la Chambre.

Nombre de démocrates n'ont pas hésité à imputer cette défaite historique à Hillary. Quant à Lloyd Bentsen et compagnie, ils auraient pu ajouter au désarroi du président en lui lançant : «Nous te l'avions bien dit.» Mais ils s'en sont abstenus.

Hillary a inscrit le nom de Barbra Streisand sur la
liste des personnes qui ne pouvaient être invitées
à dormir à la Maison-Blanche.

L'histoire relève de la tragi-comédie. Printemps 1993 : Hillary
vit une des périodes les plus sombres de sa vie. Le 19 mars,
Hugh Rodham subit une crise cardiaque majeure. Après
avoir retiré sa fille Chelsea de l'école, la première dame se
rend au chevet de son père en Arkansas, où il vit avec sa
femme, Dorothy, depuis des années. Durant les 16 jours suivants, Hillary doit se contenter de tenir la main et de caresser
les cheveux de son père, qui est entré dans un coma profond
et irréversible. Ils passeront ainsi leurs derniers moments
ensemble sans pouvoir se parler, sans pouvoir panser les plaies
d'une relation souvent difficile.

Le 7 avril, quelques heures seulement après le retour d'Hillary
à Washington, Hugh Rodham rend l'âme. Mais le deuil n'est
pas le seul sentiment qui habite sa fille. En rentrant à la
Maison-Blanche, la première dame apprend que Bill a profité
de son absence pour se faire accompagner par sa mère, Virginia,
et la chanteuse Barbra Streisand au dîner du Gridiron Club,
gala annuel qui réunit le président et la presse de Washington.
Bill a même cru bon de sortir son saxophone pour l'occasion.
Quant à Streisand, elle a eu tôt fait de se vanter d'avoir été
invitée à dormir dans la chambre de Lincoln et d'avoir pu
faire écouter au président le démo de son nouveau disque.
Hillary est furieuse.

Le 8 avril au matin, des journalistes remarquent que le président a une longue éraflure sur la joue. Interrogée sur le
sujet, la porte-parole de la Maison-Blanche, Dee Dee Myers,
qui n'a pas encore vu son patron, déclare qu'il s'est coupé en
se rasant.

Hillary est-elle responsable de cette éraflure ? La question reste ouverte. Mais la première dame prendra sa revanche sur Barbra Streisand en lui interdisant de dormir à nouveau à la Maison-Blanche.

── ★ **45** ★ ──

Le suicide de Vince Foster a fait naître plusieurs théories du complot impliquant Hillary.

Commençons par un fait incontestable : Vince Foster a joué un rôle crucial dans la carrière professionnelle d'Hillary. Associé au sein du cabinet juridique Rose, cet ami d'enfance de Bill Clinton a recruté, parrainé et défendu l'avocate formée à Yale auprès de ses collègues de Little Rock, qui n'étaient pas tous fous d'elle. Avec un autre associé du cabinet Rose, Webb Hubbell, Foster a suivi les Clinton à Washington. Il a été nommé conseiller juridique adjoint de la Maison-Blanche, alors que Hubbell est devenu numéro trois au ministère de la Justice.

Autre fait incontestable : dans ses nouvelles fonctions, Foster a dû défendre Hillary relativement aux scandales, réels et imaginés, qui ont éclaté au début du premier mandat de Bill Clinton à la Maison-Blanche. Avant de s'enlever la vie, il peinait notamment à étouffer la controverse soulevée par le Travelgate – le licenciement des sept employés du Bureau des voyages de la Maison-Blanche et le recours douteux au FBI pour enquêter sur ces derniers –, une affaire dans laquelle la première dame était soupçonnée d'avoir joué un rôle au profit d'une cousine de son mari. Il avait en outre en sa possession des documents relatifs à l'opération Whitewater et au travail d'Hillary à titre d'avocate auprès de Jim McDougal, le partenaire des Clinton dans le projet immobilier des années 1970.

La date de la mort de Vincent Foster ne fait pas non plus l'ombre d'un doute : le 20 juillet, l'avocat de 48 ans a été retrouvé sans vie dans un parc de la Virginie avec une arme à feu dans la main droite et des résidus de poudre sur celle-ci. Plusieurs enquêtes officielles ont conclu au suicide, une thèse renforcée par les informations sur la dépression clinique dont Foster souffrait et qui, selon toute vraisemblance, avait été exacerbée par ses difficultés à s'adapter à la pression de son nouveau travail. Il se plaignait souvent à ses proches d'être passé d'égal à vassal aux yeux de sa grande amie Hillary, qui n'avait de cesse de lui lancer sur un ton sec des « Règle ça, Vince ! » et « Occupe-t'en, Vince ! »

« Je n'étais pas fait pour ce travail sous les projecteurs à Washington. Ici, détruire les gens est considéré comme un sport », a-t-il écrit dans une lettre déchirée en 27 morceaux et retrouvée dans sa serviette après sa mort. Il y accusait notamment le *Wall Street Journal* de mentir impunément sur son compte. Quelques jours avant sa mort, le quotidien avait publié un éditorial tendancieux à son sujet intitulé « Qui est Vince Foster ? » Et il a passé sa dernière soirée sur terre à regarder le film *A Few Good Men* dans lequel un des protagonistes se flambe la cervelle à la veille d'un témoignage en cour martiale.

Qu'à cela ne tienne : les théories de complot n'ont pas tardé à se répandre. Théories qui seront notamment alimentées par le refus du conseiller juridique de la Maison-Blanche, Bernard Nussbaum, de donner aux enquêteurs un accès immédiat au bureau de Foster. Ce même Nussbaum profitera d'une période cruciale de 48 heures pour retirer de ce bureau des documents relatifs à l'affaire Whitewater et de les confier à la chef de cabinet d'Hillary, qui les refilera ensuite à l'avocat personnel des Clinton.

Rien ne prouve que les Clinton ou des membres de leur entourage aient détruit des documents incriminants. Mais plusieurs théoriciens du complot croient encore aujourd'hui que Vince

Foster a été assassiné en raison de ce qu'il savait sur l'affaire Whitewater. Selon l'auteur et journaliste Christopher Ruddy, l'un des théoriciens les plus connus, Foster n'est pas mort dans le parc de la Virginie. On l'a déposé à cet endroit après l'avoir tué ailleurs pour des raisons qu'il ne précise pas.

D'autres théoriciens du complot affirment que Foster et Hillary avaient noué une relation amoureuse qui a mené à l'assassinat du conseiller présidentiel. Les rumeurs d'une liaison entre les deux anciens collègues remontaient à leurs années au sein du cabinet Rose. Elles n'ont jamais été confirmées.

Hillary a été «dévastée» par la mort de Vince Foster, selon le mot utilisé par le président Clinton. Elle était convaincue que le Travelgate avait contribué à sa dépression. Dans son autobiographie, elle a avoué s'être «mise en pilotage automatique» pendant plusieurs semaines, s'obligeant «à assister aux réunions sur le système de santé et à prendre la parole en public, souvent au bord des larmes».

Il va sans dire que les théoriciens du complot n'ont jamais cru à la douleur d'Hillary.

★ **46** ★

La «conférence de presse rose» a marqué un rare succès d'Hillary devant les médias.

L'événement doit son nom à la couleur du tailleur qu'avait revêtu la première dame pour rencontrer une trentaine de journalistes dans la salle à manger d'État de la Maison-Blanche, le 22 avril 1994. Sans grand enthousiasme, elle avait accepté de tenir une conférence de presse dans l'espoir de stopper la chute de sa cote de popularité auprès des Américains après une série de révélations sensationnelles.

La dernière en date, publiée le 18 mars par le *New York Times*, concernait le mirobolant bénéfice de 100 000 $ qu'Hillary avait réalisé en neuf mois grâce à un investissement initial de 1 000 $ dans le marché à terme du bétail à la fin des années 1970. Le quotidien soulignait que l'avocat de Tyson Foods, Jim Blair, avait aidé l'ex-première dame de l'Arkansas à gagner ce gros lot. La Maison-Blanche avait défendu Hillary en affirmant qu'elle avait fait fructifier sa mise initiale en se fiant aux informations du *Wall Street Journal* et aux conseils de «nombreuses personnes».

Mais n'avait-elle pas fait preuve de la plus pure hypocrisie en dénonçant la spéculation à outrance des années Reagan après avoir profité de tels investissements?

«Jamais mon mari et moi n'avons mis en cause l'importance de faire de bons investissements ou des économies», a-t-elle déclaré en réponse à cette question, qui était la toute première de la conférence de presse. Après avoir précisé que son père lui lisait jadis les cours de la bourse dans le *Chicago Tribune*, elle a ajouté: «Nous avons voulu disposer d'une sécurité matérielle suffisante pour pouvoir, le moment voulu, payer les études supérieures de notre fille, mettre un peu d'argent de côté pour nos vieux jours et aider nos parents dans la mesure du possible.»

Hillary 1, Médias 0. Mais cette histoire d'investissements sur le marché des matières premières ne venait pas seule. Elle s'ajoutait aux révélations explosives publiées le 31 octobre 1993 par le *Washington Post* et le 20 décembre 1993 par le *Washington Times*. Le *Post* avait relancé l'intérêt de Washington pour l'affaire Whitewater en révélant que la Resolution Trust Corporation (RTC), une agence gouvernementale indépendante, avait réclamé une enquête fédérale pour déterminer si des fonds de la caisse d'épargne Madison Guaranty avaient été détournés pour financer des campagnes électorales en Arkansas, dont celle qui avait permis à Bill Clinton d'être réélu au poste de gouverneur en 1986. Madison

Guaranty avait pour actionnaire principal Jim McDougal, le partenaire des Clinton dans le projet immobilier Whitewater. McDougal était aussi ce personnage instable et sulfureux qui, en 1985, avait retenu les services d'Hillary en tant qu'avocate pour l'aider à sauver son établissement bancaire de la faillite.

De toute évidence, Hillary s'était placée dans une situation de conflit d'intérêts en acceptant de représenter Madison Guaranty dans ses tractations avec l'État de l'Arkansas. Et elle aurait sans doute eu intérêt à faire preuve de la plus grande transparence après la publication de l'article du *Post*. Mais elle a refusé tout net de remettre au journal les documents qui, d'après les Clinton eux-mêmes, auraient prouvé leur innocence. Selon elle, les journalistes en voudraient toujours plus. Ils ne cesseraient jamais d'empiéter sur leur vie privée. Plusieurs conseillers de la Maison-Blanche allaient plus tard se demander si le cours de l'histoire n'aurait pas été différent si les Clinton avaient remis au *Post* les documents réclamés.

Or, le 20 décembre 1993, le *Washington Times* a ajouté à l'impression que les Clinton avaient quelque chose à cacher. Ce jour-là, le quotidien conservateur de la capitale nationale a révélé que des documents relatifs au projet immobilier Whitewater avaient été retirés du bureau de Vince Foster par des employés de la Maison-Blanche peu après l'annonce de sa mort. Il n'en fallait pas plus pour relancer les théories de complot et inciter les républicains à réclamer la nomination d'un procureur spécial.

Hillary s'est opposée de toutes ses forces à la nomination d'un procureur spécial. Devant une pression intense, le président a cependant dû s'y résoudre. Et, le 20 janvier 1994, la ministre de la Justice, Janet Reno, a présenté au public le procureur spécial Robert Fiske, dont le mandat consistait à enquêter sur toute activité liée, directement ou non, au projet immobilier Whitewater. Ce mandat allait mener Kenneth Starr, le successeur obstiné de Fiske, à s'intéresser à une certaine Monica Lewinsky.

Mais on n'en était pas encore rendu là le jour de la conférence de presse rose. Après avoir répondu aux questions des journalistes sur ses investissements, Hillary devait reconnaître qu'elle avait elle-même alimenté les soupçons en refusant de rendre publiques certaines informations concernant l'affaire Whitewater.

«En voulant préserver mon intimité [...], j'ai peut-être eu tendance à négliger plus que je ne l'aurais dû l'intérêt de la presse et du public, et leur droit à savoir des choses nous concernant, mon mari et moi», a-t-elle dit avec un calme remarquable. Calme qu'elle allait conserver tout au long de la conférence de presse.

Cet extrait d'un compte rendu de l'hebdomadaire *Time* donne une idée de l'accueil favorable que les médias ont réservé à la performance de la première dame : «Au cours d'une heure et 12 minutes captivantes, la première dame est apparue ouverte, candide et, par-dessus tout, imperturbable. Même si elle n'a pas apporté d'éléments d'information nouveaux sur l'écheveau du projet immobilier en Arkansas ou ses transactions controversées sur le marché des matières premières, le vrai message était son attitude et son calme. Ce ton confiant et ce langage corporel détendu, qui ont été vus en direct sur quatre chaînes, ont immédiatement suscité des réactions positives.»

Peu de temps après la conférence de presse rose, l'avocat personnel des Clinton, David Kendall, a tiré cette conclusion aussi optimiste que prématurée : «Whitewater s'évapore.»

UN PEU D'HISTOIRE

Le 20 décembre 1993 a été « le jour le plus étrange qu'ait connu jusqu'ici cette administration, voire n'importe quelle autre », a écrit Elizabeth Drew dans la *New York Review of Books*.

La journaliste aguerrie ne pensait pas seulement à l'article publié ce jour-là par le *Washington Times* sur le retrait de documents relatifs à l'affaire Whitewater du bureau de Vince Foster après sa mort. Elle faisait également allusion à une enquête publiée le même jour par la revue d'extrême droite *The American Spectator* sur ce qui allait bientôt porter le nom de Troopergate. Quatre policiers de l'État de l'Arkansas affirmaient avoir facilité les rendez-vous galants de Bill Clinton du temps où celui-ci était gouverneur.

L'un d'eux se souvenait notamment d'avoir reçu l'ordre de faire monter dans la chambre d'hôtel de Clinton une jeune femme prénommée Paula, à qui le gouverneur avait, semble-t-il, demandé une fellation après avoir baissé son pantalon devant elle. Quelques mois après la publication de cet article, Paula Jones, la jeune femme en question, a déposé une plainte civile contre Bill Clinton et réclamé 700 000 $ en dommages et intérêts pour violation de ses droits civiques et diffamation.

C'est en s'intéressant à cette plainte que le procureur spécial, Kenneth Starr, a eu vent d'une liaison à la Maison-Blanche entre Bill Clinton et Monica Lewinsky.

★ **47** ★

Sur le plan politique, Hillary a retrouvé sa voix en prononçant un discours controversé en Chine.

La première dame était à ramasser à la petite cuillère après la défaite cinglante des démocrates lors des élections législatives de mi-mandat, en novembre 1994. Elle ne s'attendait pas à un tel désaveu de la part de l'électorat et encore moins d'en être tenue responsable par plusieurs élus de son parti. Non sans raison, ceux-ci attribuaient leur dégelée à l'échec de la réforme de la santé pilotée par Hillary et aux nombreuses affaires auxquelles elle était mêlée.

Durant de longs mois après les élections de 1994, Hillary s'est donc retrouvée sur la touche. Elle ne participait plus aux réunions de stratégie de la Maison-Blanche. Elle ne fréquentait presque plus son bureau de l'aile ouest. Et elle n'intervenait plus dans les médias sur les questions de politique intérieure.

Mais la première dame a commencé à reprendre pied et à retrouver la voix en multipliant les voyages à l'étranger, où elle était adulée, et en prononçant un discours remarquable à Pékin à l'occasion de la quatrième conférence mondiale de l'ONU sur les femmes, en septembre 1995. Les autorités chinoises lui avaient fait savoir qu'elles ne voulaient pas que son allocution les mette dans l'embarras. Elle tenait cependant à «repousser les limites aussi loin que possible au nom des femmes et des jeunes filles».

Un extrait de son discours permet de comprendre pourquoi ses hôtes n'ont pas apprécié son discours: «Quand des nouveau-nés sont privés de nourriture, sont noyés ou étouffés, quand on leur brise les reins parce qu'ils sont nés filles, c'est une violation des droits de l'homme. Quand les femmes et les filles sont contraintes à l'esclavage ou à la prostitution, c'est une violation des droits de l'homme. Quand les femmes sont aspergées d'essence et brûlées vives parce qu'on juge leur dot insuffisante, c'est une violation des droits de l'homme.»

Hillary devait ajouter cette phrase dont elle se félicitera souvent par la suite: «Les droits de l'homme sont les droits des femmes, et les droits des femmes sont les droits de l'homme.»

Acclamée à la fin de son discours de 21 minutes par les centaines de participants à la conférence, Hillary venait peut-être de connaître «le plus grand moment qu'elle ait vécu dans sa vie publique», selon la page éditoriale du *New York Times*.

**Hillary a été la première première dame
à comparaître devant un grand jury.**

Le 30 juin 1994, le procureur spécial Robert Fiske rend public
un rapport préliminaire sur l'affaire Whitewater qui soulage
le président et sa femme. Il conclut que Vince Foster s'est bel
et bien suicidé et que les membres du personnel de la Maison-
Blanche n'ont pas cherché à entraver l'enquête judiciaire en
cours sur la faillite de Madison Guaranty, la caisse d'épargne
du partenaire des Clinton dans le projet Whitewater.

Tout en saluant ces conclusions, le président promulgue le
même jour une loi permettant la nomination par trois juges
d'un procureur indépendant lorsqu'un haut responsable politique est mis en cause. Cette loi, qui faisait partie des pro-
messes électorales les plus importantes de Bill Clinton,
ouvrira la voie à la nomination, en août 1994, de Kenneth Starr
en remplacement de Robert Fiske.

Beaucoup plus partisan que Fiske, un républicain modéré,
Starr deviendra la bête noire d'Hillary. Et il confirmera tout
le mal qu'elle pensait de lui en la forçant à comparaître devant
un grand jury, le 26 janvier 1996, une première pour une première dame américaine. Une première qui aurait pu mener à
son inculpation pour parjure ou obstruction à la justice.

Durant quatre heures, Hillary devra surtout répondre à des
questions sur ses relevés d'honoraires en tant qu'avocate au
sein du cabinet juridique Rose, à Little Rock. Ces documents,
qui étaient réclamés par les enquêteurs depuis deux ans,
venaient d'être découverts, comme par magie, sous la table
d'une pièce des appartements privés de la Maison-Blanche.
Ils devaient en principe permettre de faire la lumière sur le
travail d'Hillary pour le compte de Madison Guaranty.

«Je suis heureuse d'avoir eu l'occasion de dire au grand jury
ce que je vous ai déjà dit», déclarera Hillary aux journalistes

La couverture du magazine *Time*, le 18 mars 1996

à sa sortie d'un tribunal fédéral de Washington. «Je ne sais pas comment les relevés d'honoraires ont été retrouvés.»

Hillary ne parviendra sans doute pas à convaincre William Safire, chroniqueur du *New York Times* et ancien rédacteur de discours pour Richard Nixon, qui l'avait traitée de «menteuse congénitale» quelques jours plus tôt.

Mais elle pourra se consoler : le grand jury ne l'inculpera d'aucun crime.

IT TAKES A VILLAGE

Quelle récompense le livre *It Takes a Village: And Other Lessons Children Teach Us*, un best-seller sur l'éducation des enfants publié en janvier 1996, a-t-il valu à Hillary ?

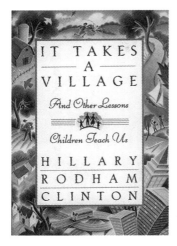

UNE MÉDAILLE AUX NATIONAL BOOK AWARDS

UN TROPHÉE AUX GRAMMY AWARDS

UN PRIX BANCROFT

UN PRIX PULITZER

UN PRIX FEMINA ÉTRANGER

Réponse : un trophée aux Grammy Awards pour la version audio du livre.

Dans une interview publiée en juin 1996 dans l'hebdomadaire *Time*, Hillary a confié au journaliste Walter Isaacson qu'elle envisageait d'adopter un enfant.

Certes pas avant l'élection présidentielle de novembre 1996, car «il se passe trop de choses dans nos vies à l'heure actuelle», mais peut-être après, a-t-elle précisé. La première dame avait déjà expliqué qu'elle ne pouvait plus elle-même avoir d'enfant en raison de l'endométriose dont elle avait souffert pendant sa première et unique grossesse.

Mais voilà qu'elle avouait pour la première fois ne pas avoir abandonné l'espoir de donner un petit frère ou une petite sœur à Chelsea, alors âgée de 16 ans.

«Je pense que de donner à un enfant une chance et de partager ce qu'on a avec un enfant est l'un des plus beaux cadeaux qu'on puisse se faire, ainsi qu'à l'enfant», a-t-elle déclaré à Isaacson. «J'espère que quelque chose se produira au bout de notre réflexion. Nous espérons avoir un autre enfant.»

Certains journalistes ont réagi avec scepticisme à ce vœu tenu secret jusque-là. Ne s'agissait-il pas, de la part d'Hillary, d'une simple manœuvre pour améliorer son image et, par ricochet, celle de son mari, toujours suspect en matière de valeurs familiales?

Une chose est certaine: un mois après sa réélection, Bill Clinton a informé les journalistes que le premier couple avait renoncé à adopter un enfant.

La photo officielle d'Hillary Clinton au poste de secrétaire d'État, en 2009.

Hillary Clinton lors d'un colloque sur l'Afrique à Washington, en 2012.

La chef de la diplomatie américaine avec ses homologues du G8 à Washington, en 2012.

LA TRAHISON

« Je m'attendais à ce que cette histoire de stagiaire
se réduise, en dernier ressort, à une note de bas de page
dans l'histoire de la presse à sensation. »

 ★ **51** ★

**Grâce à Hillary, le poste de secrétaire d'État
des États-Unis a été pourvu pour la première fois
par une femme.**

Un des premiers gestes significatifs faits par Bill Clinton
après avoir été réélu aura été de nommer une femme au prestigieux poste de secrétaire d'État, Warren Christopher, nommé
quatre ans plus tôt à ce poste, ayant fait savoir qu'il ne souhaitait pas y demeurer.

Bill Clinton avait dans sa mire quelques candidatures de
renom, incluant celle qui occupait le poste d'ambassadrice
américaine aux Nations Unies, Madeleine Albright. De l'avis
de tous, elle avait effectué son mandat avec brio, prenant
notamment position en faveur d'une intervention américaine
afin de contribuer au règlement de la guerre de Bosnie. Hillary

la connaissait bien. Elles étaient toutes deux diplômées de Wellesley (mais avec dix ans d'écart) et avaient récemment voyagé ensemble en République tchèque.

Dans une entrevue accordée au Miller Center de l'Université de Virginie rendue publique à la fin de l'année 2014, Madeleine Albright a confirmé l'importance de la première dame dans sa nomination. «Hillary a été la raison majeure pour laquelle je suis devenue secrétaire d'État. Hillary m'a dit et il (Bill Clinton) m'a dit qu'Hillary avait dit : "Pourquoi ne la nommes-tu pas ? Elle partage tes idées au sujet de la Bosnie et elle les exprime très bien"».

Ce n'était pas la première fois qu'Hillary militait pour que les femmes aient droit au chapitre dans le cabinet du président. La place des femmes en politique a toujours été pour elle un sujet de préoccupation et un cheval de bataille. À la Maison-Blanche, on l'a constaté tout de suite après l'élection de son mari en 1992, a rapporté l'une de ses biographes, Sally Bedell Smith. «Hillary se fait un devoir d'assurer que Bill respecte sa promesse d'engager plus de femmes et de minorités qu'aucun autre de ses prédécesseurs, pour une administration "à l'image des États-Unis"».

 ★ **52** ★

Hillary a prédit en 1997 qu'une femme deviendrait présidente des États-Unis au cours des 20 prochaines années.

Une femme présidente des États-Unis ? Hillary y croit depuis longtemps. La preuve ultime, c'est cette prédiction audacieuse faite en 1997 à ce sujet. Elle était en visite en Afrique du Sud avec Chelsea, âgée de 17 ans. Elle allait, dans ce pays, passer plusieurs heures en compagnie de Nelson Mandela, élu président trois ans plus tôt.

Lors d'une conférence à l'Université du Cap, on lui a demandé si une femme réussirait un jour à se faire élire à la Maison-Blanche en tant que présidente. «J'ai beaucoup pensé à ça, mais strictement du point de vue d'une étudiante en sciences politiques», a-t-elle d'abord lancé de façon à souligner qu'elle y réfléchissait de façon théorique et non en tant que candidate éventuelle. Puis, elle a déclaré que si des femmes avaient pu se hisser à la tête de certains États – elle a notamment cité Margaret Thatcher (Grande-Bretagne) et Indira Gandhi (Inde) –, c'est probablement en raison de leurs systèmes politiques, distincts de celui des États-Unis.

Selon la Constitution américaine, le président est élu au suffrage indirect par un collège électoral dont les membres ont été sélectionnés à la suite du vote des électeurs. Ce qui n'est pas le cas pour le chef du gouvernement de systèmes parlementaires comme la Grande-Bretagne, l'Inde ou le Canada (qui a d'ailleurs aussi été dirigé par une femme, quoique brièvement, en 1993). Hillary a néanmoins, par la suite, prédit que les Américains éliraient une femme à la présidence au cours des 20 prochaines années. Ce qui nous mène à… 2017. Si bien que si Hillary remporte la course à la Maison-Blanche en 2016, sa prédiction s'avérera !

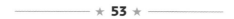

★ **53** ★

Contrairement à la plupart des présidents américains, Hillary n'aime pas le golf.

Lors de vacances à Martha's Vineyard, une île du Massachusetts qui a toujours été l'une des destinations préférées du couple Clinton, Hillary a joué au golf avec son mari. Elle raconte cet épisode dans son autobiographie en précisant qu'elle «n'aime pas le golf». Et d'ajouter : «Je joue d'ailleurs comme un pied.

Et je me range à l'avis de Mark Twain : "Le golf est une belle promenade gâchée"».

Or, depuis l'arrivée de William Taft à la Maison-Blanche, en 1909, seuls trois présidents n'ont pas joué au golf. Herbert Hoover (1929 à 1933), Harry Truman (1945 à 1953) et, le plus récent, Jimmy Carter (1977 à 1981). «Pourquoi les présidents jouent-ils au golf ? C'est assez clair : ils cherchent une façon de s'évader. Woodrow Wilson a déjà qualifié la Maison-Blanche de prison parce qu'il s'y sentait enfermé», explique en entrevue Michael Trostel, historien à l'Association de golf des États-Unis.

«Je ne dis pas qu'il n'y a pas eu d'accords politiques conclus sur un terrain de golf, mais la raison principale pour laquelle les présidents jouent, c'est pour s'amuser et relaxer», précise celui qui a effectué des recherches approfondies sur ce sujet.

Peut-on croire qu'Hillary pourrait elle aussi un jour succomber à l'appel du golf si elle devenait la femme la plus puissante de la planète ? «J'ai vu des photos d'Hillary jouant au mini-golf, raconte Michael Trostel. Qui sait, si elle fait son entrée au Bureau ovale, elle voudra peut-être jouer sur un vrai terrain de golf ! L'histoire montre qu'elle pourrait se laisser tenter…»

UN PEU D'HISTOIRE

Comme un poisson dans l'eau

Que fait Hillary quand elle a besoin de s'évader ? Quel sport pratique-t-elle ? « J'adore nager. C'est très certainement l'une des choses que j'aime le plus », a-t-elle déclaré à l'été 2014. « Une journée parfaite se termine avec ma famille, par une longue marche, probablement avec nos chiens… Aller manger chez des amis. Voir un bon film. Me réveiller tard le lendemain matin », a ajouté la politicienne. Sept ans plus tôt, avant de se lancer à la conquête de la Maison-Blanche, elle affirmait que son sport favori était la marche rapide et qu'elle comptait parmi ses loisirs les mots croisés, les casse-tête, le Scrabble et le jardinage. Elle précisait en outre que pour faire baisser son niveau de stress, elle aimait… mettre de l'ordre dans ses placards.

Hillary a offert un chien en cadeau à son mari pour lui remonter le moral après le départ de Chelsea.

Les politiciens débordés et surmenés ne sont pas à l'abri du syndrome du nid vide, ce trouble qui guette les parents dont les enfants quittent la maison familiale pour voler de leurs propres ailes. Le désarroi a frappé de plein fouet les occupants de la Maison-Blanche, en septembre 1997, lorsque Chelsea s'est établie en Californie pour ses études à l'Université Stanford. Hillary a même affirmé que le départ de Chelsea avait été nettement plus dur à vivre que franchir le cap de la cinquantaine. Bill a eu autant sinon plus de mal qu'elle à surmonter le départ de leur fille.

« Nous nous sentions plus libres de sortir le soir et de voir des amis, mais rentrer dans une maison silencieuse nous démoralisait. Le nid appelait un nouvel occupant : nous étions mûrs pour un chien », a-t-elle raconté. Les Clinton avaient déjà possédé un cocker spaniel en Arkansas. Cette fois, ils ont opté pour un labrador. Buddy a fait son entrée à la Maison-Blanche en décembre 1997. Le hic, c'est que depuis le début des années 1990, la famille Clinton avait un chat, Socks. La cohabitation a été on ne peut plus tumultueuse. Les médias américains, souvent fascinés par les animaux domestiques des présidents, en ont fait leurs choux gras. Socks a « accueilli son nouveau colocataire avec un sifflement, comme s'il était Newt Gingrich », a écrit le *New York Times*, faisant référence au rival républicain de Bill Clinton à l'époque. Qu'à cela ne tienne, l'année suivante, Buddy et Socks allaient tous les deux faire l'objet d'un livre d'Hillary. Elle a publié un recueil où les photos des animaux côtoient des dizaines de lettres qui leur ont été expédiées par des enfants. Le livre est intitulé simplement *Dear Socks, Dear Buddy* et – ça ne s'invente pas –, on y apprend que le chat et le chien du couple présidentiel ont reçu plus de 300 000 lettres et courriels.

L'aventure de Bill Clinton avec une jeune stagiaire a
été «l'événement le plus dévastateur et douloureux»
de la vie d'Hillary.

«Ce fut l'été du marathon de la tartuferie : le spectre du terro-
risme, qui avait remplacé celui du communisme comme menace
majeure pour la sécurité du pays, laissait sa place au spectre
de la turlute ; un président des États-Unis, quadragénaire plein
de verdeur, et une de ses employées, une drôlesse de 21 ans
folle de lui, batifolant dans le Bureau ovale comme deux ados
dans un parking, avaient rallumé la plus vieille passion fédé-
ratrice de l'Amérique, son plaisir le plus dangereux peut-être,
le plus subversif historiquement : le vertige de l'indignation
hypocrite.»

La relation entre Bill Clinton et une jeune stagiaire du nom
de Monica Lewinsky, révélée en 1998, a mis les États-Unis sens
dessus dessous. Le psychodrame national a duré de longs mois et
a même servi de matière brute à certains romanciers. À preuve,
le paragraphe ci-dessus. Un extrait de *La Tache*, une œuvre
majeure du romancier Philip Roth. L'ouvrage a été porté au
grand écran, avec Anthony Hopkins et Nicole Kidman dans
les rôles principaux.

Mais, au-delà des querelles politiques et des débats de société
suscités par les ébats présidentiels, force est de constater que ce
scandale a été une tragédie pour Hillary. Affronter l'adultère
est, en soi, une épreuve difficile à surmonter. Être cocufiée
par son mari et apprendre chaque jour un peu plus les détails
de son aventure extraconjugale (et se voir confirmer l'ampleur
de sa naïveté... ou de son aveuglement volontaire) dans les
médias est forcément d'autant plus insoutenable.

Hillary a elle-même confié, dans ses mémoires, qu'elle était
dans un état second à l'époque, ayant affirmé avoir d'emblée
donné le bénéfice du doute à Bill Clinton, qui niait avec

véhémence toutes les allégations. «Je décidai d'aller de l'avant et de rendre coup pour coup, mais il n'était vraiment pas agréable d'entendre ce qu'on disait sur mon mari. Je savais que les gens se demandaient : "Comment arrive-t-elle à se lever le matin, sans même parler de se montrer en public ? Même si elle ne croit pas aux accusations, le seul fait de les entendre doit l'anéantir." Oui, en effet.»

Rappelons les faits. C'est le blogueur Matt Drudge qui, le premier, révèle publiquement l'existence de la liaison entre le président et la femme de 21 ans. Le 18 janvier 1998, le ton est donné : cette sixième année du couple Clinton à la Maison-Blanche sera sans contredit leur *annus horribilis*.

Peu de temps après, les grands médias américains se mettent de la partie. Il n'était pas question qu'ils laissent à un blogueur l'exclusivité de ce psychodrame national en devenir. L'affaire fait ainsi la une du *Washington Post* trois jours plus tard. La tornade médiatique dure des mois. De longs mois pendant lesquels Hillary verra la relation extraconjugale de son mari décryptée avec un soin maniaque par des journalistes, mais aussi par le procureur spécial Kenneth Starr. Sa mission, rappelons-le, était de faire la lumière sur l'affaire Whitewater. Il se mettra néanmoins à enquêter avec ferveur sur la relation extraconjugale, convaincu que le président a menti à ce sujet, ayant nié avoir eu des relations sexuelles avec la stagiaire.

Dans son rapport de 445 pages – où l'on fait allusion au sexe à 548 reprises, a dénoncé à l'époque la Maison-Blanche –, Kenneth Starr n'omet aucun détail. Certains passages sont aussi osés que la prose du roman *Cinquante nuances de Grey*. Bon nombre d'Américains ont, par exemple, été choqués d'entendre ce que le couple adultère avait fait avec un des cigares du président...

Le premier contact sexuel entre Bill Clinton et Monica Lewinsky a lieu le 15 novembre 1995, quatre mois après l'arrivée de la stagiaire à la Maison-Blanche. Il y en aura huit autres en l'espace de près de deux ans. Il faudra à Bill

Clinton sept mois, à la suite des premières révélations publiques au sujet de ses ébats présidentiels, avant de confier à son épouse qu'il avait menti et de faire son *mea culpa*. Hillary raconte avoir été réveillée par son mari, contrit, le samedi 15 août 1998. Penaud, il lui aurait alors tout dit. À la suite de ses aveux, en détresse, elle s'est mise à pleurer et à hurler.

«Ce fut un moment abominable. Je ne savais que faire. Ce fut l'événement le plus dévastateur et douloureux de ma vie», a-t-elle expliqué, cinq ans plus tard dans son autobiographie. Et d'ajouter: «Il avait trahi ma confiance, et nous savions tous les deux que ce serait peut-être irréparable.»

Elle pardonna pourtant à son époux, une fois de plus, résignée et très certainement consciente des risques que poserait un divorce tant pour la carrière de son mari que pour son avenir à elle… Dès janvier 1999, elle annonçait publiquement qu'elle songeait à briguer un poste au Sénat américain. Elle sera élue sénatrice le 7 novembre 2000, à peine plus de deux ans après les aveux de son mari.

UN PEU D'HISTOIRE

Les objets de l'adultère

Nul ne sait jusqu'à quel point Hillary a cherché à connaître les détails de la relation entre son mari et Monica Lewinsky après en avoir été informée. Chose certaine, elle n'aura pas eu à chercher bien loin. L'affaire a tenu le haut du pavé dans les médias américains pendant de longs mois. Parmi tous les renseignements mis au jour, les échanges de cadeaux entre les deux amants étaient particulièrement troublants et semblent démontrer que leur relation n'était pas que de nature sexuelle. La jeune stagiaire a affirmé avoir donné près d'une vingtaine de cadeaux au président et en avoir reçu environ 30. Parmi les cadeaux qu'elle a achetés pour Bill Clinton, plusieurs livres dont une édition spéciale du livre de poésie *Feuilles d'herbe*, de Walt Whitman, et une tasse sur laquelle était inscrit… Santa Monica.

Peu après le dévoilement de la relation entre
Bill Clinton et Monica Lewinsky, Hillary a dénoncé
une «vaste conspiration de la droite».

«Je m'attendais à ce que cette histoire de stagiaire se réduise,
en dernier ressort, à une note de bas de page dans l'histoire
de la presse à sensation.»

C'est du moins ce qu'Hillary a affirmé, rétrospectivement, au
sujet de l'affaire Lewinsky. A-t-elle vraiment cru, initialement,
que le grand public ne s'intéresserait pas aux frasques du
président? Que les médias ne tenteraient pas d'enquêter sur
ce scandale avec l'ardeur du chien qui ronge son os? Que les
républicains passeraient l'éponge, sans souffler mot, sur cette
incartade commise par un politicien démocrate surdoué qu'ils
aimaient haïr? On peut se permettre d'en douter.

Ce qu'on peut affirmer sans l'ombre d'un doute, toutefois, c'est
qu'Hillary a choisi son camp rapidement. Elle allait défendre
son mari coûte que coûte. Moins de dix jours après la diffusion
des premiers détails de la relation entre Bill Clinton et la
jeune stagiaire, elle passait à l'offensive.

Le cirque médiatique était à son comble dans la capitale américaine. Certains journalistes renommés qui devaient couvrir
la rencontre historique entre Jean-Paul II et Fidel Castro à
Cuba (le 22 janvier, quatre jours après les premières fuites au
sujet de la relation adultère du président) avaient été rapatriés
à Washington en catastrophe.

Le cocktail sexe, mensonges et politique est explosif. Impossible,
pour les médias, d'y résister. Qui plus est, le 27 janvier 1998,
le président s'apprête à prononcer son traditionnel discours
sur l'état de l'Union. C'est ce jour-là qu'Hillary montera aux
barricades.

Le réseau NBC avait demandé à la première dame, avant qu'éclate le scandale, de venir parler de la teneur de l'allocution de son mari. Elle devait à l'origine expliciter le plan d'action de l'administration Clinton sur les garderies. Dans l'œil du cyclone, elle a néanmoins décidé de ne pas se décommander (ce qui, à nouveau, en dit long sur son caractère).

Peu de temps après être entrée en ondes, Hillary a montré les dents. Elle a affirmé qu'elle et son mari étaient victimes d'une campagne de salissage. D'une cabale orchestrée par les individus qui avaient jadis accusé le couple présidentiel de meurtre (dans le cas de leur ami Vince Foster).

Le journaliste qui l'interviewe, Matt Lauer, cherche à en savoir plus au sujet du complot allégué. Il tend une perche : « Je comprends que vous avez dit à certains amis proches que c'était l'ultime grande bataille et qu'un côté ou l'autre (Bill ou ses ennemis) allait se retrouver au tapis... »

La réponse d'Hillary allait passer à l'histoire. « Je ne sais pas si j'ai été aussi dramatique. Ce serait une bonne réplique de film. Mais je crois que c'est une bataille. Regardez qui est impliqué là-dedans. Ils ont surgi dans d'autres circonstances. La vraie histoire, ici, pour ceux qui sont prêts à la trouver, à l'écrire et à l'expliquer, c'est cette vaste conspiration de la droite. Une conspiration contre mon mari depuis le jour où il a annoncé qu'il briguait la présidence. Quelques journalistes l'ont saisi et ont tenté de l'expliquer. Mais ça n'a pas encore été entièrement révélé au public américain. »

« Une vaste conspiration de la droite. » L'expression fait couler beaucoup d'encre. Elle en fait encore couler aujourd'hui, car on l'utilise encore parfois aux États-Unis pour dénoncer le vaste réseau conservateur formé notamment de politiciens, d'hommes d'affaires et d'instituts de recherche qui milite pour faire triompher les idées de droite.

Rétrospectivement, la sortie d'Hillary a eu beaucoup plus d'impact que le discours sur l'état de l'Union de Bill Clinton, lors duquel le politicien n'a fait nulle mention de Monica Lewsinky.

La première dame n'a nommé personne. Mais d'aucuns auront notamment pensé à l'homme d'affaires de Pittsburgh Richard Mellon Scaife, qui avait financé une série d'enquêtes visant à mettre Bill Clinton dans l'embarras. Ou aux avocats associés aux républicains qui ont mis le procureur Kenneth Starr sur la piste de la liaison entre le président et la jeune stagiaire.

Quoi qu'il en soit, l'offensive d'Hillary a porté ses fruits. Elle a simultanément «établi une ligne de contre-attaque pour ceux qui demeuraient loyaux au président Clinton […], a regonflé le moral à la Maison-Blanche et a provoqué un vif déni de la part de sa cible principale, le procureur indépendant Kenneth Starr, qui a qualifié la conspiration de non-sens», a souligné le *Washington Post* à la une, le lendemain de l'entrevue à NBC.

L'épisode aura très certainement prouvé une fois de plus à Hillary et à ses conseillers que la meilleure défense, en politique, est souvent l'attaque.

★ **57** ★

Quand Hillary était accablée, elle s'inspirait d'Eleanor Roosevelt.

Jamais, dit-on, une première dame n'avait eu autant d'impact et de pouvoir à la Maison-Blanche qu'Hillary Clinton depuis… Eleanor Roosevelt.

La femme du président Franklin D. Roosevelt (en poste de 1933 à 1945) a été la première, parmi les premières dames, à être véritablement engagée. Et elle ne taisait pas ses convictions et prenait la défense des laissés pour compte. Même si cela l'exposait à de nombreuses critiques.

Encore aujourd'hui, elle exerce une fascination sur bon nombre d'Américains qui la tiennent en haute estime. Hillary dit souvent s'être inspirée d'Eleanor Roosevelt lorsqu'elle a touché le fond du baril, pendant l'affaire Monica Lewinsky. «Depuis que les crises se succédaient, je me répétais comme un mantra la remarque d'Eleanor Roosevelt selon laquelle toute femme entrant dans la vie politique devait "se faire une peau aussi coriace que celle d'un rhinocéros". Je me suis indiscutablement cuirassée au fil des ans», a-t-elle écrit dans ses mémoires. Ce conseil, elle l'a répété au fil des ans lors des discours qu'elle a prononcés – incluant celui de son dernier passage à Montréal, en août 2014.

Il faut croire que la méthode a fonctionné. Aujourd'hui, la résilience d'Hillary a de quoi en inspirer plus d'un. Qu'Hillary soit influencée par Eleanor Roosevelt n'étonne pas le moins du monde Christopher Brick, éditeur du Eleanor Roosevelt Papers Project à Washington. «Eleanor Roosevelt était une militante, explique-t-il en entrevue. Pour bon nombre de femmes de présidents, le poste de première dame était proto-colaire. Mais ni Eleanor, ni Hillary n'ont eu l'intention que leur rôle à la Maison-Blanche ou leur travail pour le pays soit uniquement protocolaire.»

Toutes deux ont d'ailleurs joué un rôle actif après avoir quitté la Maison-Blanche, rappelle l'expert. «Hillary est devenue sénatrice de l'État de New York et secrétaire d'État. Eleanor Roosevelt est devenue la femme la plus puissante du Parti démocrate à cette époque et déléguée à l'assemblée générale des Nations Unies, de 1946 a 1952», souligne-t-il.

Ce n'est pas tout. Plusieurs des combats menés par Eleanor Roosevelt le sont par Hillary aujourd'hui, rappelle le chercheur. «Les droits civiques, les libertés civiques, l'égalité des chances pour les femmes et les minorités ethniques sont des enjeux qui ont tenu une place importante dans leurs carrières.»

On comprend mieux pourquoi Hillary, à la Maison-Blanche, a tenu à faire installer un buste d'Eleanor Roosevelt dans la

Roosevelt Room pour accompagner les portraits de Franklin D. Roosevelt et de Theodore Roosevelt, qui y figuraient déjà.

L'admiration d'Hillary pour l'ancienne première dame a toutefois soulevé une certaine controverse au milieu des années 1990. Le journaliste du *Washington Post* Bob Woodward avait alors révélé que la femme de Bill Clinton avait eu des conversations imaginaires avec la femme de Franklin D. Roosevelt. Ces discussions ont été menées sous l'impulsion de Jean Houston, qui dirigeait la Foundation for Mind Research. «Nous utilisions des exercices d'imagination pour qu'elle trouve des idées : pour réfléchir à la façon dont Eleanor aurait réagi à un problème en particulier», a déclaré Jean Houston au *New York Times* à ce sujet en 1996.

Cette année-là, Hillary a fait référence à cette polémique, avec humour, lors du dévoilement d'une statue d'Eleanor Roosevelt dans un parc à New York. «La dernière fois que j'ai parlé à madame Roosevelt, elle m'a dit de vous dire à quel point elle était ravie de cette formidable nouvelle statue!»

★ **58** ★

Hillary n'a jamais été aussi populaire qu'en décembre 1998, au beau milieu de l'affaire Lewinsky.

Garder la tête haute malgré l'humiliation aura été politiquement rentable pour Hillary. En décembre 1998, un sondage Gallup a révélé que plus des deux tiers des Américains avaient une opinion favorable d'elle, soit 67 %. Jamais, au cours des années suivantes, elle n'atteindra une telle popularité. Voici un aperçu, en chiffres, de l'étude effectuée par la maison de sondage à l'époque.

67 % pourcentage d'Américains qui ont dit avoir une opinion favorable d'Hillary Clinton.

29 % pourcentage d'Américains qui ont dit avoir une opinion défavorable d'Hillary Clinton.

56 % pourcentage d'Américains qui ont dit avoir une opinion favorable de Bill Clinton.

42 % pourcentage d'Américains qui ont dit avoir une opinion défavorable de Bill Clinton.

11 % pourcentage d'Américains qui ont dit avoir une opinion favorable de Monica Lewinsky.

82 % pourcentage d'Américains qui ont dit avoir une opinion défavorable de Monica Lewinsky.

32 % pourcentage d'Américains qui ont dit avoir une opinion favorable de Kenneth Starr.

82 % pourcentage d'Américains qui ont dit avoir une opinion défavorable de Kenneth Starr.

28 % pourcentage d'Américains qui ont dit qu'Hillary Clinton est la femme qu'ils admirent le plus dans le monde. À ce titre, elle termine première, loin devant ses rivales. Elle est suivie par Oprah Winfrey à 8 %.

14 % pourcentage d'Américains qui avaient dit qu'Hillary Clinton était la femme qu'ils admiraient le plus dans le monde en 1997, soit la moitié moins.

18 % pourcentage d'Américains qui ont dit que Bill Clinton est l'homme qu'ils admirent le plus dans le monde. Le pape Jean-Paul II se classe en deuxième place, à 7 %.

Source : sondage Gallup, décembre 1998

Hillary a mis les infidélités de son mari sur le
compte de son enfance difficile et de ses difficultés
à la Maison-Blanche.

La question était à l'époque sur toutes les lèvres. On se la
pose d'ailleurs encore aujourd'hui. Comment a-t-elle pu lui
pardonner? Comment a-t-elle pu passer l'éponge sur la relation
entre Bill et Monica Lewsinky, la plus humiliante de toutes
les infidélités de son époux?

Un élément de réponse se trouve dans les carnets de notes
d'une de ses grandes amies, Diane Blair. Cette politologue
s'entretenait souvent avec Hillary et couchait sur papier le
résumé de leurs discussions. Or, les archives de l'enseignante
ont été léguées à l'Université de l'Arkansas et des extraits ont
fait surface dans certains médias américains en 2014.

On y trouve un passage particulièrement instructif, daté du
9 septembre 1998, lorsqu'Hillary a répondu aux questions de
sa confidente au sujet des aventures de Bill avec la stagiaire.
«Côté personnel – Il est son meilleur ami depuis 25 ans et
son mari depuis 23 ans… il y a tant de liens entre eux… il lui
tient à cœur, tout comme sa famille, comme Chelsea, comme
son mariage et elle va tenter de passer à travers», rapporte
Diane Blair.

Et d'ajouter: «Elle ne tente pas de le disculper, c'était une
faute personnelle majeure. Elle n'en prend pas non plus la
responsabilité. Mais elle dit qu'il faut remettre ses gestes en
contexte.»

Ce «contexte», explique Hillary à son amie, est que le couple
a dû pendant des années prétendre que toutes les difficultés
auxquelles il faisait face à la Maison-Blanche ne les déran-
geaient pas outre mesure alors que la pression était immense.
Et que Bill n'avait personne, contrairement à elle, à qui il
pouvait se confier pour «passer sa colère».

Monica Lewinsky avec Bill Clinton à la Maison-Blanche, le 17 novembre 1995.

Hillary insiste aussi sur le fait – n'oublions pas que ces confidences relèvent du domaine privé – que les relations sexuelles avec Monica n'étaient, selon elle, «pas significatives», car il n'y a pas eu pénétration.

Elle met par ailleurs les infidélités sur le compte de l'enfance difficile de Bill. Sur le fait qu'il a été «élevé par deux femmes», sa mère et sa grand-mère, entre lesquelles il était déchiré. Un psychologue lui aurait dit que cette situation serait la source d'infidélités à l'âge adulte.

Elle reviendra sur cette hypothèse un an plus tard, dans une entrevue accordée au magazine *Talk*. Elle ajoutera alors que son mari a été agressé dès l'âge de quatre ans. Et elle répétera qu'elle lui a pardonné. «Tout le monde a connu des dysfonctionnements familiaux. On doit y faire face. Vous ne partez pas si vous aimez quelqu'un. Vous l'aidez.»

Hillary se classe dans le top 10 des premières dames des États-Unis.

Depuis plus de 30 ans, le Siena College, dans l'État de New York, demande régulièrement aux historiens de désigner la meilleure première dame de l'histoire du pays. Ils doivent évaluer chaque candidate sur dix critères, incluant le leadership, les accomplissements et l'image publique. Voici le top 10 de la plus récente étude, effectuée en 2014. Sur plus d'une quarantaine de premières dames, Hillary s'est classée sixième. En 1993, dans le cadre de la même étude, elle figurait au deuxième rang.

 1. Eleanor Roosevelt

 6. Hillary Clinton

 2. Abigail Adams

 7. Lady Bird Johnson

 3. Jacqueline Kennedy

 8. Betty Ford

 4. Dolley Madison

 9. Martha Washington

 5. Michelle Obama

 10. Rosalynn Carter

GUERRE ET PRIÈRES

« Pourquoi le Sénat, pourquoi New York, et pourquoi moi ?
Tout ce que je peux vous dire est que les questions qui sont
importantes pour cet État m'intéressent profondément. »

★ **61** ★

**Quand Hillary s'est lancée en politique active
pour la première fois, elle estimait être
« la candidate du désespoir ».**

Ce qui ne nous tue pas nous rend plus fort. Hillary est en
quelque sorte l'incarnation de ce dicton. Après avoir été écla-
boussée durant de nombreuses années par des rumeurs et
des scandales d'adultère et après avoir connu un passage
parfois tumultueux à la Maison-Blanche, elle a décidé de se
lancer elle-même en politique active. Pour la première fois de
sa carrière.

Elle a choisi de briguer un siège au Sénat américain, admettant
publiquement son intérêt pour la chose en février 1999, alors
qu'elle était encore première dame du pays. Le siège en question était celui du démocrate Daniel Patrick Moynihan, qui
avait annoncé sa retraite après 24 ans comme sénateur de
l'État de New York.

La photo officielle d'Hillary Clinton en tant que sénatrice de l'État de New York, en 2001.

Hillary et Bill avaient déjà décidé qu'ils ne retourneraient pas en Arkansas après leur séjour à la Maison-Blanche. Ils souhaitaient habiter à New York. Qui plus est, l'*establishment* du Parti démocrate était à la recherche d'une grosse pointure pour se lancer dans la course à la succession de Daniel Patrick Moynihan. Car, du côté républicain, le populaire maire de New York, Rudy Giuliani (dont le mandat se terminait en 2001), allait tenter sa chance.

D'où le fait qu'Hillary, rétrospectivement, a décrit sa candidature comme le choix d'un parti au pied du mur. « Les dirigeants démocrates, redoutant de perdre un siège qui leur était acquis depuis longtemps, cherchaient un candidat connu, qui pourrait attirer les sommes folles nécessaires à ce genre de campagne, a-t-elle écrit. En un sens, j'étais la candidate du désespoir. Quelqu'un dont la notoriété pourrait contrebalancer celle de Giuliani et les formidables ressources financières de son parti.»

La décision, a dit Hillary, a été l'une des deux les plus difficiles de sa vie. L'autre étant celle de ne pas rompre son mariage après l'affaire Lewinsky.

Elle seule pourrait dire aujourd'hui si elle juge que la décision de demeurer auprès de Bill Clinton a été la bonne. Mais, chose certaine, celle de se lancer dans la course a donné un véritable élan à sa carrière de politicienne.

Le moment choisi a été d'autant plus judicieux qu'elle allait, au final, affronter un candidat poids plume : Rick Lazio. Ce parlementaire de Long Island était loin de jouir de la renommée de Rudy Giuliani, qui avait – coup de théâtre – jeté l'éponge en mai 2000. Parce qu'on lui avait diagnostiqué un cancer, mais aussi parce que des photos de lui en compagnie d'une autre femme que son épouse avaient commencé à circuler dans les médias. Il avait ainsi dû rencontrer la presse pour annoncer qu'il mettait fin à son mariage. Sa vie privée se révélait trop mouvementée pour une campagne si serrée.

Le 7 novembre 2000, Hillary était élue avec 55 % des voix, Rick Lazio en récoltant 43 %. Elle avait non seulement remporté cette joute électorale, mais, plus important encore, elle avait prouvé qu'elle était en mesure de faire campagne avec succès. Ce qui n'était pas acquis, à l'époque. Certains de ses proches avaient tenté de la décourager avant même qu'elle présente sa candidature, craignant un fiasco. Or, si elle n'était pas aussi douée que son mari, elle a su convaincre les électeurs qu'elle était en mesure d'être à la hauteur. Et, à 53 ans, elle aurait enfin la chance de se forger sa propre identité politique.

L'ÉTAT DE NEW YORK

En se présentant à New York, Hillary disait s'inspirer d'un célèbre sénateur de cet État qui, comme elle, n'y avait jamais habité avant d'y être élu. Lequel ?

WILLIAM H. SEWARD

THEODORE ROOSEVELT

ROBERT WAGNER

ROBERT F. KENNEDY

DANIEL PATRICK MOYNIHAN

Réponse : Robert F. Kennedy

Après avoir habité huit ans à Washington,
Hillary est devenue citoyenne de Chappaqua.

Une fois son intérêt pour le poste de sénatrice de l'État de
New York officiellement évoqué, la question n'était pas de
savoir si, mais plutôt quand Hillary allait y emménager.
Parachutée dans l'État de New York à des fins politiques, elle a
atterri à... Chappaqua, une localité de quelque 10 000 habitants
dont le nom est dérivé d'un mot algonquin qui signifierait :
endroit où on n'entend que le bruissement du vent dans les
arbres.

Chappaqua se trouve en effet loin de l'énergie débordante de
la ville de New York, plus précisément à une heure de route
au nord-est de Manhattan. L'achat a fait sourciller, car le
couple a eu besoin de l'aide d'un riche homme d'affaires, Terry
McAuliffe, pour conclure la transaction. Cet ami du couple
avait codirigé la campagne de réélection de Bill Clinton, en
1996. Il a aussi, au fil des ans, amassé des sommes considé-
rables tant pour Bill que pour Hillary et le Parti démocrate
en général. Pour garantir le prêt nécessaire à l'achat de la
résidence, il a offert 1,35 million de dollars. La maison a été
acquise pour la somme de 1,75 million. C'était trop cher pour
le couple Clinton, qui devait rembourser plus de 5 millions
en frais d'avocats à l'issue des deux mandats à la Maison-
Blanche. Notons que ce même Terry McAuliffe est aujourd'hui
gouverneur de la Virginie. Et que les Clinton ne se sont, bien
sûr, pas fait prier lorsque le moment est venu de faire campagne en sa faveur.

En tant que sénatrice, Hillary allait aussi avoir besoin d'un
logement à Washington, la Maison-Blanche étant dorénavant
occupée par le Texan George W. Bush. À la toute fin de l'année 2000, le couple Clinton a fait l'acquisition d'une seconde
luxueuse maison, au coût de 2,85 millions. Une résidence de plus
de 500 mètres carrés, achetée au moment où Hillary venait

de conclure une entente avec la maison d'édition Simon & Schuster pour publier son autobiographie. Elle allait recevoir, à titre d'avance, pas moins de 8 millions de dollars. La maison à Washington est surnommée Whitehaven, du nom de la rue sur laquelle elle est située. Cette résidence dans la capitale américaine est rapidement devenue le quartier général d'Hillary. Symbole éloquent, puisque son mari venait pour sa part de quitter Washington après huit ans à la présidence.

★ 64 ★

La candidature d'Hillary représentait en quelque sorte une thérapie conjugale pour son couple.

Ce sont deux des biographes d'Hillary qui l'ont affirmé. Jeff Gerth et Don Van Natta, deux anciens journalistes du *New York Times*, en sont venus à cette conclusion après avoir interviewé certains amis du couple. L'un d'eux leur a dit que Bill Clinton «n'oublie pas qu'il a beaucoup à se faire pardonner». Un autre a affirmé que l'ancien président comprenait alors qu'il n'y avait «pour lui qu'une seule manière de rentrer en grâce : offrir à sa femme tout ce qu'elle demande». Ce qui est sûr, c'est que Bill Clinton a souvent dit avoir été conscient que sa propre carrière politique avait freiné pendant longtemps les ambitions de sa femme. Il l'a énoncé on ne peut plus clairement en juin 2015, à la suite du lancement de la seconde campagne à la présidence de sa femme. «Nous avons été mariés très longtemps et elle s'en remettait à ma carrière pour ce qui est de la politique. Je lui ai dit, quand elle a été élue sénatrice de New York, qu'elle m'avait donné 26 ans et que j'avais l'intention de lui en donner 26 moi aussi, a-t-il déclaré sur les ondes de CNN. Peu importe ce qu'elle voulait faire, cela m'allait. Si elle voulait mon avis, je lui donnais, mais elle avait carte blanche pour prendre les décisions qu'elle voulait et me dire ce que je devais faire.»

Après les attentats du 11 septembre 2001, Hillary a convaincu George W. Bush d'octroyer 20 milliards à New York.

«Je pensais que j'étais debout face aux portes de l'enfer. [...] Je n'ai jamais rien vu de tel. Et j'ai pourtant vu beaucoup de scènes de sinistres et volé au-dessus de champs de bataille en hélicoptère – j'étais en Bosnie après les accords de Dayton. C'était pour moi inconcevable», a raconté Hillary après avoir visité le site de l'effondrement des tours du World Trade Center, en plein cœur de New York, trois jours après les attentats de 2001.

Parmi tous les politiciens à Washington, Hillary figurera parmi ceux et celles qui ont joué un rôle de premier plan dans la foulée du drame en tant que sénatrice de l'État où se trouve la métropole frappée par des terroristes d'Al-Qaïda. Elle avait, a-t-elle estimé, «la lourde responsabilité de soutenir les habitants de cette ville meurtrie».

Elle a raconté à quelques reprises, dans ses mémoires ou à des journalistes, comment l'expérience avait été à la fois traumatisante – impossible de rester insensible lorsqu'une telle tragédie survient – et jusqu'à un certain point réconfortante en raison de la solidarité manifestée après les attentats, mais aussi de la détermination constatée sur le terrain. Celle des premiers répondants, qui ont travaillé sans relâche pendant et après le drame. Et celle des survivants, qui ont parfois dû déployer une énergie surhumaine pour garder le moral et s'en sortir.

L'histoire retiendra – et ses stratèges veillent à ce qu'on ne l'oublie pas – qu'Hillary Clinton, conjointement avec l'autre sénateur de l'État de New York, Charles Schumer, a réclamé et obtenu du gouvernement fédéral la somme de 20 milliards pour la ville de New York. L'histoire retiendra aussi qu'Hillary a également fait de la santé des premiers répondants son cheval de bataille au Sénat. C'est en raison de sa ténacité qu'une somme de 90 millions a été accordée pour effectuer des études dans ce domaine. Un sujet qui ne semblait pas, à l'époque, figurer dans les priorités des politiciens américains. Par la suite, elle a été louangée par le président de l'association des pompiers de New York, Peter Gorman.

On a dit que George W. Bush était véritablement devenu président à la suite des événements du 11 septembre. Rudy Giuliani, qui terminait son ultime mandat à la mairie de New York, a été si inspirant qu'on le surnommera «le maire de l'Amérique». Hillary aura également impressionné par sa fermeté, son dévouement et sa détermination. Et jusqu'ici, contrairement à Bush et à Giuliani, son étoile n'a pas pâli au cours des dernières années.

★ 66 ★

Au Sénat, Hillary priait régulièrement avec des républicains.

Imaginez un jeune qui doit changer d'école au cours de ses études. Il s'expose, en tant que petit nouveau, à être la cible d'intimidation. S'il est astucieux, il cherchera rapidement à mettre les élèves les plus menaçants de son bord.

C'est un peu ce qu'Hillary a fait au Sénat américain.

Les républicains affichaient alors ouvertement leur mépris à son égard. L'un des meilleurs exemples est celui du leader de leur parti au Sénat, Trent Lott, originaire du Mississippi. «Si cette Hillary se rend jusqu'au Sénat, si elle y arrive – peut-être que la foudre va frapper et qu'elle ne viendra pas – elle ne sera qu'une parmi 100 (sénateurs) et nous veillerons à ce qu'elle ne l'oublie pas», a-t-il déclaré à la suite de la victoire de la candidate démocrate. Hillary a fait fi de l'insolence de Trent Lott. Rapidement, elle s'est mise à collaborer, autant que faire se peut, avec des ténors républicains, y compris ceux qui avaient mené la charge contre son mari et tenté de le destituer pour avoir menti sur sa relation avec Monica Lewinsky.

Un journaliste du magazine *Bloomberg Business Week* a calculé qu'elle s'était associée à 49 sénateurs républicains, au fil des ans, pour présenter des projets de loi sur des sujets aussi divers que l'éducation et la sécurité nationale. Mais ce n'est pas tout. Ce rapprochement avec les républicains s'est aussi fait dans les coulisses du Capitole, siège du gouvernement à Washington. Il n'est pas de notoriété publique qu'il y a plusieurs groupes de prière pour les membres du Congrès. Pourtant, ils existent bel et bien et jouissent d'une popularité certaine. Hillary n'a pas hésité à se joindre à l'un des plus prestigieux, qui regroupait plusieurs républicains ultraconservateurs et qui se réunissait tous les mercredis.

Elle a ainsi gagné encore un peu plus le respect d'une partie des sénateurs qui n'étaient pourtant pas prédisposés à avoir d'atomes crochus avec elle. L'un d'eux, Sam Brownback (aujourd'hui gouverneur du Kansas), a présenté ses excuses à Hillary lors d'une des séances de prière parce qu'il l'avait «détestée et avait dit des choses désobligeantes à son sujet», a rapporté le magazine *The Atlantic* en 2006.

Pour l'anecdote, notons qu'elle a par ailleurs défié des sénateurs républicains – notamment celui qui allait être candidat à la présidence en 2008, John McCain, alors qu'ils étaient en Estonie. L'épreuve consistait à avaler un certain nombre de *shooters* de vodka. On ne connaît pas tous les détails de ce qui s'est passé ce jour-là, car «ce qui se passe en Estonie reste en Estonie», a déclaré avec humour un porte-parole de la politicienne. Ce qu'on sait, c'est qu'au fil des ans elle a tissé des liens avec McCain et un de ses bons amis, le sénateur de la Caroline du Sud Lindsey Graham, qui était lui aussi du voyage dans cette ex-république soviétique.

En cette ère où la polarisation est à son comble en politique américaine, le parcours d'Hillary au Sénat a été à la fois étonnant et rassurant. Elle a complété ce nouveau – et crucial – chapitre de sa carrière avec succès. Elle a su apprendre à devenir une candidate, à s'affranchir de son époux et à renouer avec des républicains qui avaient pourtant déclaré la guerre à son couple. Bref, elle a su montrer qu'elle avait la trempe d'une politicienne d'envergure et qu'elle était en mesure de tracer son propre chemin en tant que femme politique.

UN PEU D'HISTOIRE

Interrogé par *The New Yorker* au sujet de la carrière d'Hillary au Sénat, presque trois ans après son élection, Bill Clinton a répondu : « Ma seule surprise est qu'elle fait ça encore mieux que je le pensais, ce qui veut tout dire. » Invité à résumer la contribution d'Hillary au Congrès américain, il a offert une réponse en sept parties.

- Elle aime les gens et se préoccupe de leurs problèmes.

- Elle sait comment mettre en œuvre de bonnes politiques.

- Elle est intelligente et travaille très dur.

- Elle se bat pour ce en quoi elle croit et n'abandonne pas.

- Elle se cherche toujours de nouveaux alliés, incluant des républicains.

- Elle aime son pays et son État.

- Elle pense toujours à ce à quoi la vie ressemblera pour nos enfants et leurs propres enfants.

67

La plus grande erreur d'Hillary au Sénat aura été de donner le feu vert à la guerre en Irak.

«Quand nous paraissons faibles à une époque où les gens ne se sentent pas en sécurité, nous perdons. Quand les gens se sentent peu sûrs, ils vont préférer avoir quelqu'un de fort qui a tort plutôt que quelqu'un de faible qui a raison.»

C'est ce qu'avait dit Bill Clinton en 2002, au moment où les républicains de George W. Bush venaient d'infliger un cuisant revers aux démocrates lors des élections de mi-mandat. Il était convaincu que les démocrates devaient, dans la foulée des attaques du 11 septembre 2001, cesser de prêter flanc à la critique en matière de sécurité nationale. Depuis la guerre du Vietnam, les politiciens démocrates étaient généralement perçus comme pacifistes et, donc, plus faibles à ce chapitre que leurs rivaux républicains. Et ces derniers en profitaient pour les dénigrer.

C'est sans doute en grande partie ce désir de ne pas paraître «faible» qui a, visiblement, amené Hillary à commettre l'erreur stratégique la plus coûteuse de son passage au Sénat: son vote sur la guerre en Irak. Rappelons-nous: peu après les attentats terroristes menés par l'organisation d'Oussama ben Laden en sol américain, le président George W. Bush et certains membres de son entourage ont affirmé à plusieurs reprises que Saddam Hussein avait un lien avec ces attaques. Ce n'était pourtant pas le cas.

Le président demandait néanmoins aux membres du Congrès qu'on lui permette de recourir à la force «comme il le juge nécessaire et approprié pour défendre la sécurité nationale contre la menace continuelle posée par l'Irak».

Hillary a dit oui du bout des lèvres, affirmant, lors de son allocution au Sénat le 10 octobre 2002, souhaiter de tout cœur que le président n'ait pas à utiliser la force… Ajoutant qu'il s'agissait de l'une des décisions « les plus difficiles » de sa vie… Mais le fait est qu'elle a dit oui.

Elle n'a bien sûr pas été la seule à se ranger derrière son président. À l'époque, 77 sénateurs ont voté cette résolution. Seuls 23 ont voté contre, incluant le sénateur démocrate Robert Byrd, de la Virginie-Occidentale. Ce vieux routier du Sénat, un octogénaire qui avait voté jadis en faveur de la guerre du Vietnam, n'en revenait pas de voir à quel point l'histoire bégaie. Il exhortait ses collègues du Sénat à ne pas offrir de « chèque en blanc » au président. Hillary a eu nettement moins de scrupules. Elle a même soutenu publiquement, avant de voter, que Saddam Hussein avait offert « aide » et « soutien » aux « terroristes », incluant, selon elle, « des membres d'Al-Qaïda ».

Le montant qui allait s'inscrire sur le chèque en blanc qu'elle et ses pairs avaient donné à la Maison-Blanche allait augmenter à une vitesse vertigineuse au fur et à mesure que la guerre devenait le fiasco que l'on sait. Un fiasco selon les experts, mais aussi selon une majorité d'Américains, qui, pourtant, avaient eux aussi souhaité que leur pays fonce tête baissée vers Bagdad.

Ce vote, Hillary l'a traîné comme un boulet pendant plus d'une décennie, tout particulièrement lors de la course à la Maison-Blanche en 2008. Sous le couvert de l'anonymat, bon nombre de ses conseillers ont expliqué qu'elle avait eu du mal à décider si elle devait présenter ses excuses et faire son *mea culpa* ou, au contraire, garder le cap. Elle a choisi cette dernière option. Non sans, toutefois, graduellement, édulcorer sa position. Son défi : montrer qu'elle comprenait qu'elle avait fait une erreur, sans admettre publiquement qu'elle avait eu tort.

Ainsi, en 2007, elle a soutenu un projet de loi visant à empêcher l'envoi de renforts en Irak, ce qui relevait selon elle d'une « stratégie perdante ». La politicienne a même proposé de retirer au président Bush le pouvoir que lui avait accordé le Congrès en 2002 quant à la guerre en Irak. Mais elle continuait de s'opposer à ceux qui souhaitaient prévoir une date de retrait des troupes américaines en Irak. Bref, elle était prête à mettre de l'eau dans son vin, mais pas trop.

Il va sans dire que ses deux rivaux principaux lors de la course à la direction du Parti démocrate en 2008, Barack Obama et John Edwards, n'ont pas cessé de tourner le couteau dans cette plaie qui ne s'est jamais vraiment cicatrisée. Le premier avait dénoncé le projet d'invasion irakienne une semaine avant le vote au Sénat. Le second avait dit oui à la guerre en 2002, mais fait son *mea culpa* en 2005.

Tant Obama qu'Edwards ont pu contester le jugement d'Hillary, qui rêvait initialement de miser sur son expérience pour se démarquer de ses rivaux. Rétrospectivement, son vote sur l'Irak a été une magistrale erreur de calcul. La pire de ses années au Sénat.

Le résultat de la course au leadership démocrate a donné tort à Bill Clinton. Les Américains, échaudés par l'échec de l'aventure irakienne, en avaient ras le bol des politiciens forts, mais qui avaient tort, à la George W. Bush.

UN PEU D'HISTOIRE

Obama et l'Irak

Barack Obama, qui était en 2002 un membre méconnu du Sénat de l'Illinois, avait prononcé un discours sans équivoque au sujet de la guerre à venir en Irak, moins de deux semaines avant le vote au Congrès américain. Il était alors aux antipodes d'Hillary. Voici quelques extraits de cette allocution : « Je ne suis pas contre toutes les guerres. [...] Ce à quoi je m'oppose, c'est à une guerre stupide. Une guerre irréfléchie. Une guerre fondée non pas sur la raison mais sur la passion, non pas sur des principes mais sur la politique. Je ne me fais aucune illusion sur Saddam Hussein. C'est un homme brutal. Un homme implacable. Un homme qui massacre son peuple pour consolider son pouvoir. [...] Mais je sais aussi que Saddam Hussein n'est pas une menace imminente ni directe pour les États-Unis ou pour ses voisins... [...] Vous voulez vous battre, président Bush ? Alors il faut se battre pour s'assurer que les inspecteurs de l'ONU puissent faire leur travail... »

68

Il a fallu 12 ans à Hillary pour qu'elle reconnaisse avoir eu tort en autorisant George W. Bush à utiliser la force en Irak.

Il y a des politiciens qui admettent plus facilement que d'autres avoir eu tort. Dans le cas d'Hillary, admettre avoir erré dans le dossier irakien a été particulièrement pénible et douloureux. Pas moins de 12 ans lui auront été nécessaires. Des années lors desquelles (guidée par son mari et ses conseillers) elle aura graduellement introduit de subtiles variations à sa position initiale. Jusqu'à l'aveu final, en 2014. Voici un résumé de ces tergiversations en cinq déclarations.

2002
Lors de son discours au Sénat, dans le cadre du vote :

« Un vote pour (cette résolution) n'est pas un vote pour hâter la guerre. C'est un vote qui met entre les mains de notre président une responsabilité énorme. Et nous lui disons : utilisez ces pouvoirs judicieusement et en dernier recours. C'est aussi un vote qui dit clairement à Saddam Hussein : c'est votre dernière chance. Désarmez ou soyez désarmé. »

2003
Devant les membres du Council on Foreign Relations à New York :

« J'ai fait partie de ceux qui ont soutenu qu'il fallait donner à Bush le pouvoir, si nécessaire, d'utiliser la force contre Saddam Hussein. Je crois que c'était le bon vote. J'ai eu plusieurs litiges et désaccords avec l'administration quant à la façon dont ce pouvoir a été utilisé, mais je soutiens qu'il fallait voter pour offrir ce pouvoir, car j'estime qu'il s'agissait d'une étape nécessaire... »

2004
À l'émission *Larry King Live*, sur les ondes de CNN :

« Je ne regrette pas d'avoir donné ce pouvoir au président parce que le contexte, alors, était celui de (la présence) d'armes de destruction massive. De sérieuses menaces à l'égard des Nations Unies. Et, clairement, Saddam Hussein représentait un véritable problème pour la communauté internationale depuis plus d'une décennie. Ce que je regrette, c'est la façon dont le président a utilisé ce pouvoir. »

2006
À l'émission *Today,* sur les ondes de NBC :

« Vous devez considérer la situation d'alors et ce que nous savions. Je prends mes responsabilités pour ce vote. Bien sûr, si nous avions su alors ce que nous savons maintenant, il n'y aurait pas eu de vote. Et je n'aurais certainement pas voté de cette façon. »

2014
Dans ses mémoires, *Le temps des décisions* :

« Je croyais agir de bonne foi et prendre la meilleure décision possible avec les informations dont je disposais, se justifie-t-elle. Mais j'avais tort. C'est aussi simple que cela. »

★ **69** ★

Hillary aurait pu, potentiellement, devenir présidente dès 2004.

« Si [Hillary] donnait une de ses couilles à Obama, ils en auraient chacun deux ! » C'est ce qu'a lancé en 2008 un proche conseiller du couple Clinton, James Carville. Son objectif, à l'époque ? Démontrer que la politicienne n'avait pas froid aux yeux. Qu'elle avait plus de cran que son rival.

Cette détermination, jumelée à l'ambition indéniable de la politicienne, a bien failli la pousser à se lancer dans la course à la Maison-Blanche dès 2004. Moins de trois ans après avoir quitté son poste de première dame et être devenue sénatrice, Hillary y a très sérieusement songé.

Ses intentions à cet effet ont été ébruitées à l'époque et confirmées plusieurs années plus tard par les journalistes John Heilemann et Mark Halperin, dans leur livre *Game Change*. Hillary, racontent-ils, était alors choquée par la direction prise par son pays sous la gouverne de George W. Bush. Parallèlement, elle était consternée par la faiblesse des candidats qui briguaient l'investiture du Parti démocrate pour affronter le président républicain en novembre 2004. Le plus populaire, avant le début de la saison des caucus et des primaires, était l'ancien gouverneur du Vermont, un médecin prénommé Howard Dean. Et Hillary, tout comme une bonne partie de l'*establishment* démocrate, était convaincue qu'il n'avait pas l'étoffe d'un président.

Enthousiasmée par ses succès dans l'État de New York, Hillary a commencé à réfléchir à une candidature à la Maison-Blanche et à en discuter, très discrètement, avec ses proches conseillers. Plusieurs lui ont recommandé de ne pas hésiter, convaincus qu'elle triompherait des autres démocrates et saurait ravir la Maison-Blanche à George W. Bush, dont la carrière politique commençait à s'enliser dans le bourbier irakien.

L'opinion publique aussi était derrière elle. Un sondage mené par le magazine *Newsweek* en septembre 2003 indiquait que parmi tous les candidats potentiels, elle était le choix numéro un de 33 % des électeurs démocrates, ce qui lui donnait une bonne longueur d'avance sur les autres.

Le hic, c'est qu'un autre sondage révélait que six démocrates sur dix, dans l'État de New York, ne voulaient pas qu'elle devienne candidate, préférant qu'elle demeure sénatrice pendant toute la durée de son mandat de six ans.

Au final, c'est ce qui a freiné les ardeurs de la politicienne. D'autant plus que sa fille, Chelsea, n'était pas non plus chaude à l'idée. Elle «estimait que sa mère devait terminer son mandat, qu'elle en avait fait la promesse et qu'elle devait la respecter, que si elle ne le faisait pas, les électeurs ne lui pardonneraient pas», ont rapporté John Heilemann et Mark Halperin.

L'abstention d'Hillary aura laissé le champ libre au sénateur du Massachusetts John Kerry. À la toute dernière minute, il a réussi à damer le pion à Howard Dean. Il n'a toutefois pas fait le poids face à George W. Bush et à ses stratèges, adeptes des publicités négatives et des coups en bas de la ceinture. Les républicains, Karl Rove (l'éminence grise du camp Bush) en tête, ont miné la crédibilité de John Kerry et convaincu un assez grand nombre d'Américains qu'ils ne seraient pas en sécurité si ce démocrate était élu président.

Ce qui est certain, c'est qu'Hillary n'aurait fait face, en 2004, à aucun rival aussi redoutable que Barack Obama. Par ailleurs, son vote en faveur de la guerre en Irak ne lui aurait probablement pas nui.

Aurait-elle pu, contrairement à John Kerry, vaincre le président républicain en perte de vitesse et s'emparer de la Maison-Blanche? Elle doit parfois, encore aujourd'hui, se le demander...

★ 70 ★

Quand Hillary a fait campagne pour être réélue, elle a dépensé plus d'argent que tout autre candidat au Sénat américain cette année-là.

En politique américaine, l'argent est sans contredit le nerf de la guerre. Tous les quatre ans, le coût de la course à la Maison-Blanche bat le record établi lors du scrutin précédent. Les campagnes menées par les candidats au Sénat ou à la Chambre des représentants – les deux chambres du Congrès américain – nécessitent aussi des investissements qui dépassent l'entendement. En 2006, quand Hillary Clinton a fait campagne pour sa réélection, elle a dépensé plus de 30 millions de dollars. Au total, de 2000 à 2006, elle aura investi 41 millions afin de conserver son siège. À quoi aura servi tout cet argent? Le *New York Times* a rapporté que plus de 7 millions en 2006 ont servi à l'achat de publicités et que d'imposantes sommes ont été accordées aux stratèges de la politicienne. L'architecte de sa campagne, Mark Penn, a obtenu au moins 1,1 million. Sa spécialiste des communications, Mandy Grunwald, a pour

La sénatrice de New York Hillary Clinton savoure sa réélection, en novembre 2006.

sa part récolté au moins 930 000 $. Sans compter les 160 000 $ déboursés pour les déplacements d'Hillary et de ses conseillers en jet privé. Ou les 746 450 $ pour « le service de traiteur et le divertissement ». Ou encore les 13 000 $ en fleurs...

Tout ça pour vaincre un adversaire qui livrait une bataille perdue d'avance : le républicain John Spencer, ex-maire de la ville de Yonkers. La stratégie a fonctionné. Elle a obtenu 67 % des voix (contre 31 % pour son rival) et a triomphé dans 58 des 62 comtés de l'État. Était-ce nécessaire d'injecter une telle fortune pour vaincre un rival méconnu ? Certains de ses proches, à l'instar de donateurs, ont sonné l'alarme. « Cet argent gaspillé... ça rend tout le monde fou, a confié l'un d'eux au quotidien new-yorkais sous le couvert de l'anonymat. Elle doit absolument régler ça si elle a l'intention de briguer la présidence. » Ce contributeur n'était pas que généreux. Il était clairvoyant. Les problèmes de gestion du budget de la campagne d'Hillary à la Maison-Blanche ont été tels qu'ils sont aujourd'hui cités lorsqu'on tente d'expliquer sa défaite aux mains de Barack Obama en 2008.

HILLARY CONTRE BARACK

« Bien que nous n'ayons pu briser cette fois-ci le plus haut
et le plus résistant des plafonds de verre, il a reçu
grâce à vous 18 millions de fissures. Et la lumière brille
à travers lui comme elle ne l'a jamais fait. »

★ **71** ★

Le lancement officiel de la candidature d'Hillary
en 2008 a été éclipsé par celui de Barack Obama.

Un faux départ ? Pas exactement. Mais force est de constater
que la première fois qu'Hillary s'est lancée à l'assaut de la
Maison-Blanche, sa campagne n'a pas démarré sur les cha-
peaux de roue. Ça s'est passé le 20 janvier 2007.

L'idée n'était pas mauvaise : pour être dans le coup, la politicienne, alors âgée de 59 ans, avait décidé d'opter pour le Web.
Hillary 2.0, en quelque sorte. Elle a diffusé sur son site une
vidéo de tout près de deux minutes dans laquelle elle disait
vouloir lancer une « conversation » avec les Américains, « pas
seulement une campagne ».

Le hic, c'est qu'à part l'utilisation d'Internet, l'annonce en soi n'avait rien de révolutionnaire. Rien non plus d'enthousiasmant. On y voyait Hillary assise sur un sofa beige. Son épaule droite reposait sur un coussin beige. Les murs et le rideau derrière elle étaient aussi beiges. Une porte vitrée laissait entrer la lumière du soleil dans la pièce de façon très discrète.

Tout semblait avoir été étudié pour que le décor soit le plus aseptisé possible. Hillary, qui ne semblait pas parfaitement à l'aise – elle était pourtant dans sa maison, à Washington! – avait l'air figé d'une maîtresse d'école qui débite une leçon apprise par cœur.

Pourtant, la candidature d'Hillary n'était pas banale. Jamais une femme n'avait été aussi susceptible d'être élue présidente des États-Unis. Et les Américains étaient convaincus que leur pays, sous la gouverne de George W. Bush, allait dans la mauvaise direction. Ils avaient soif de changement. Mais ce jour-là, il n'y avait rien d'électrisant dans la proposition de la politicienne démocrate.

Même son slogan initial – «J'y vais et j'y vais pour gagner» – sonnait faux. Il ne faisait d'ailleurs pas l'unanimité au sein de son équipe. Et il aura manqué son but.

Bien sûr, comme prévu, l'annonce a eu un écho considérable. Hillary est un monstre sacré. Il ne pouvait en être autrement. Et, à sa décharge, Barack Obama avait, quelques jours plus tôt, diffusé une vidéo guère plus excitante. Il y annonçait, comme Hillary, la formation d'un «comité exploratoire» pour sa candidature. Mais moins d'un mois plus tard, il allait faire les choses en grand. Il officialisait sa quête improbable en grande pompe, réunissant plus de 15 000 personnes à Springfield, en Illinois, ville où a vécu et œuvré nul autre que le 16e président américain, Abraham Lincoln.

Les stratèges d'Hillary auraient dû, dès lors, se douter que leur rival était redoutable. Que faisaient-ils alors que se mettaient en place les conditions qui allaient permettre à Barack

Obama de l'emporter? Ils se querellaient. Les journalistes qui ont enquêté sur les causes de la défaite d'Hillary sont unanimes: l'animosité chez les responsables de la campagne de la candidate démocrate était telle que le chaos allait devenir, pour eux, quelque chose de normal. Les tiraillements, les désaccords, les règlements de comptes... Un peu comme si les marins du *Titanic* n'avaient jamais cessé de s'engueuler pendant toute la durée du naufrage...

★ **72** ★

De tous les États américains, l'Iowa est probablement celui qu'Hillary déteste le plus.

De prime abord, on peut se demander pourquoi un petit État rural situé au cœur du Midwest américain irrite une politicienne de la trempe d'Hillary Clinton.

Pour mieux le comprendre, une explication s'impose d'entrée de jeu. Même si, avec ses trois millions d'habitants, l'Iowa fait figure de poids plume aux États-Unis, il joue un rôle disproportionné dans le processus de sélection des candidats démocrate et républicain qui se disputent la présidence tous les quatre ans.

Les caucus de l'Iowa représentent, depuis quelques décennies, la première étape de ce processus. Les primaires du New Hampshire en sont la deuxième et l'ordre dans lequel les électeurs des autres États votent peut ensuite varier légèrement au fil des ans.

L'Iowa donne donc généralement le ton au reste de la course.

Le 3 janvier 2008, date de la première étape de la course au leadership du Parti démocrate cette année-là, Hillary a passé une nuit «atroce» en Iowa. Elle y a subi une dégelée. Elle a terminé en troisième place, avec 29,4% des voix. Barack Obama a fini bon premier (37,6 %), suivi du sénateur de la Caroline du Nord John Edwards (29,7 %).

Les stratèges de l'équipe d'Obama avaient compris qu'ils devaient mettre tous leurs œufs dans le même panier. Qu'il fallait faire de l'Iowa une priorité. Ils ont mis en place une équipe, sur le terrain, d'une efficacité redoutable pour convaincre les électeurs de miser sur leur poulain, mais aussi pour faire sortir le vote.

Au contraire, les stratèges d'Hillary ont négligé l'Iowa. Si bien qu'ils ont senti rapidement, au début de 2007, que la victoire était en train de leur glisser entre les doigts. Ce qu'ils ont fait ? Plutôt que de rectifier le tir et d'accorder rapidement les ressources nécessaires, ils se sont mis les pieds dans les plats. L'un des responsables de l'équipe a expédié un mémo interne dans lequel il suggérait de jeter l'éponge en Iowa pour se concentrer sur les autres étapes de la course au leadership. Cette suggestion a été rejetée sèchement par les autres stratèges. Pas question d'abandonner dans un État aussi important. Mais le mal était fait : le mémo s'est tout de même retrouvé entre les mains des journalistes. Ce qui n'a fait que renforcer la désaffection des électeurs du petit État pour Hillary.

La candidate elle-même semblait réticente à faire campagne sans relâche en Iowa. Elle détestait l'État avant même d'y avoir été vaincue, ont affirmé certains journalistes. Notamment parce qu'elle avait appris que jamais on n'y avait voté pour élire une femme au Congrès américain (la disette a pris fin en 2014 lorsque la républicaine Joni Ernst a été élue au Sénat) ou au poste de gouverneur de l'État. Qui plus est, les démocrates en Iowa sont reconnus pour leur pacifisme. Le vote d'Hillary sur la guerre en Irak était donc un sérieux handicap.

En somme, pour Hillary, faire campagne en Iowa était comme assister à un mauvais, très mauvais film sans pouvoir quitter la salle de cinéma.

Sur le terrain, à la fin du mois de décembre 2007 et au début du mois de janvier 2008, d'entrevue en entrevue, on sentait bien que le vent avait tourné en faveur de Barack Obama. D'anciens partisans d'Hillary avouaient sans détour qu'ils avaient décidé de rompre avec celle qui était jusqu'ici leur choix numéro un. Le message de changement de Barack Obama avait fait mouche.

Comme Judy Aycock. Cette dame de 60 ans se rendait compte qu'elle ne verrait peut-être pas de femme à la présidence de son vivant, mais elle ne voulait pas qu'Hillary succède à George W. Bush, qui avait lui-même succédé à Bill Clinton. «Vingt ans pour deux familles! Je pense que c'est trop», avait-elle lancé.

Les responsables de la campagne d'Hillary ont compris sur le tard qu'il fallait traiter aux petits oignons les électeurs de l'Iowa, répondre à leurs préoccupations et soulager leurs inquiétudes. À l'automne 2007, trois mois avant la soirée des caucus, ils se sont mis à accorder à l'État l'attention qu'il méritait et à y dépenser sans compter. Ils finiront par y investir 30 millions de dollars. Mais il était trop tard. Faire campagne en Iowa n'a rien d'un sprint. Il s'agit d'un marathon.

La trajectoire empruntée par la campagne d'Hillary depuis plus d'un an n'était pas la bonne et l'accident était inévitable. L'échec en Iowa, point de départ de la course démocrate, a prouvé que la politicienne n'était pas invincible. Les conséquences de ce dérapage ont été désastreuses.

Les sanglots d'Hillary lui ont vraisemblablement permis de freiner l'ascension de Barack Obama.

Il n'existe pas de traité sur l'utilisation des larmes en politique. Mais s'il en existait un, on pourrait affirmer sans crainte de se tromper qu'Hillary l'a lu. C'est que la politicienne, qui a versé si peu de larmes en public au cours de sa carrière, a sangloté à un moment crucial de la course à la Maison-Blanche. C'est aussi que ces sanglots, quelques jours après sa défaite lors des caucus de l'Iowa, semblent avoir donné un élan inespéré à sa campagne. Nous écrivons «semble», car on ne saura jamais ce qui a véritablement poussé les électeurs du New Hampshire – État où se déroule la deuxième étape de la course au leadership démocrate – à voter en masse pour elle et à infliger un revers inattendu à Barack Obama. Mais la plupart des analystes ont estimé qu'il y avait bel et bien eu un lien de cause à effet entre les sanglots d'Hillary et sa victoire.

L'événement s'est produit le 7 janvier 2008, soit la veille du jour du scrutin dans ce petit État de la Nouvelle-Angleterre. Hillary rencontrait une poignée de militantes dans un petit café de Portsmouth, ville côtière de quelque 20 000 habitants. Une des femmes sur place, Marianne Pernold Young, photographe âgée de 64 ans, lui a demandé comment elle arrivait, jour après jour, à se lever pour faire campagne sans relâche. La question, en fait, était plutôt décousue. Jugez-en par vous-même: «Comment sortez-vous de la maison chaque jour... Je veux dire... En tant que femme, je sais comment c'est difficile de sortir de la maison... De se préparer... Qui s'occupe de vos cheveux?»

Pourtant, c'est cette question a priori banale qui a bouleversé la politicienne. «Ce n'est pas facile, ce n'est pas facile. Et je ne pourrais pas le faire si je ne croyais pas passionnément à ce je fais», a-t-elle répondu, fermement, sans broncher, presque mécaniquement, fidèle à son habitude.

Puis, après une courte pause, sa voix s'est étranglée. «Ce pays m'a donné tant de chances que je ne veux pas que nous revenions en arrière», a-t-elle ajouté en ravalant un sanglot. Et d'ajouter, la voix toujours empreinte d'émotion: «C'est quelque chose de très personnel pour moi... ce n'est pas seulement une affaire politique...»

L'incident a été d'autant plus remarqué qu'Hillary n'a jamais été reconnue pour sa sensibilité, ni pour sa fragilité. Au contraire, au fil des ans elle a démontré qu'elle faisait partie de cette catégorie de femmes fortes et déterminées que rien ne semble pouvoir arrêter.

Ce jour-là, Obama était crédité d'une avance d'au moins 10 points de pourcentage au New Hampshire, selon les sondages. Le lendemain, Hillary effectuait une remontée spectaculaire, obtenant 48 % des voix, soit un point de pourcentage de plus que son rival. Elle devenait la première femme de l'histoire des États-Unis à avoir remporté des primaires lors de la course au leadership d'un des deux grands partis.

La recette de son succès? Les femmes. Quelque 46 % d'entre elles ont voté pour Hillary, contre 34 % pour Obama. Et 57 % des habitants du New Hampshire qui ont voté lors des primaires étaient des femmes.

Au lendemain de ce triomphe, lors d'une entrevue, Marianne Pernold Young semblait convaincue que sa question et les sanglots d'Hillary avaient privé Barack Obama d'un triomphe. «Le soir même, trois amies m'ont téléphoné pour me dire qu'elles avaient vu Hillary (pleurer) à la télé et qu'elles avaient changé d'idée. Qu'elles allaient voter pour Hillary plutôt qu'Obama», nous a-t-elle raconté.

Cette victoire inespérée – et surtout la défaite en Iowa – a poussé la candidate à faire un grand ménage à la tête de son équipe de campagne. Elle a, entre autres, écarté son stratège en chef Mark Penn. Ce dernier avait toujours soutenu qu'il ne fallait pas chercher à humaniser la candidate. Miser sur «un mélange de force et de leadership» plutôt que sur l'authenticité.

L'impact des sanglots d'Hillary lui a, rétrospectivement, donné tort.

Margaret Thatcher, en 1983.

UN PEU D'HISTOIRE

Un modèle : Margaret Thatcher

Le stratège de la campagne d'Hillary, Mark Penn, estimait que la politicienne devait s'inspirer de la première ministre britannique Margaret Thatcher, en poste pendant 11 ans, de 1979 à 1990. Architecte d'une « révolution conservatrice », passionnément anticommuniste, elle s'est révélée aussi déterminée qu'inflexible. On l'a surnommait d'ailleurs la Dame de fer. « Nous sommes plus Thatcher que n'importe qui d'autre, aurait affirmé Mark Penn. Nous voulons intimider. »

Le sénateur de la Caroline du Nord, John Edwards, a volontairement nui à Hillary.

L'histoire ne sera pas tendre envers John Edwards. Et Hillary ne le sera pas non plus. Sénateur de la Caroline du Nord de 1999 à 2005, cet ancien avocat a connu son heure de gloire en 2004. Il a alors été choisi candidat à la vice-présidence des États-Unis par le démocrate John Kerry, qui allait mordre la poussière contre George W. Bush. Quatre ans plus tard, John Edwards décide de tenter sa chance et de se mesurer à Hillary et à Barack Obama. Il se rend vite compte qu'il ne fait pas le poids. Mais il décide de demeurer dans la course jusqu'au 30 janvier 2008, vraisemblablement par calcul politique. Il tentera à plusieurs reprises de se négocier un poste dans l'administration de Barack Obama alors que la course à l'investiture du Parti démocrate n'est même pas terminée.

En prenant son temps avant de jeter l'éponge, il savait qu'il nuisait à Hillary. Il récupérait une partie des votes des Blancs de la classe ouvrière qui auraient autrement donné leur appui à Hillary. Parallèlement, lors des débats, ce bon orateur s'en prenait à la candidate démocrate, sans esquinter Barack Obama. Il avait choisi son camp. Mais le pari de John Edwards n'a jamais été payant. Il est tombé en disgrâce quelques mois après son retrait de la course. Il a été forcé de reconnaître publiquement qu'il fréquentait une autre femme – à qui il avait fait un enfant – alors que son épouse, Elizabeth, luttait contre le cancer du sein, ruinant du même coup son avenir politique.

AIR DE CAMPAGNE

On a reproché à Hillary d'avoir « sous-traité » la musique de sa campagne, car elle a utilisé la chanson d'une artiste qui n'était pas américaine. Quelle est cette chanteuse ?

CÉLINE DION

ADELE

SARAH MCLACHLAN

SHANIA TWAIN

Réponse : Céline Dion. L'équipe d'Hillary Clinton a décidé d'offrir à ses partisans la chance de choisir une chanson qui serait utilisée dans sa campagne. Les électeurs ont voté et ont jeté leur dévolu sur une chanson... canadienne : *You and I*, de Céline Dion.

Bill Clinton a contribué à l'échec de sa femme en 2008.

Bill Clinton est le politicien américain le plus redoutable de sa génération. Cela n'a jamais fait de doute. C'est pourquoi affirmer qu'il a contribué à la défaite de sa femme lors de la course à la Maison-Blanche, en 2008, est en soi un paradoxe qui nécessite des explications. Mais c'est un paradoxe indéniable.

L'ancien président américain, d'ordinaire connu pour son optimisme et sa bonne humeur, dégageait cette fois une énergie négative. On le sentait frustré. Impatient. Aigri. Il a tenu à plusieurs reprises des propos controversés qui n'ont pas manqué de faire la manchette (donc de nuire à sa femme) et de susciter la désapprobation de nombreux politiciens démocrates.

L'une des plus retentissantes bourdes de Bill a été d'associer l'expression «conte de fées» aux succès de Barack Obama. Il avait déjà fait savoir à quel point il en voulait aux médias qui, selon lui, étaient nettement plus durs avec sa femme qu'avec Obama, tout particulièrement au sujet de l'Irak. Le vote d'Hillary en faveur de la guerre, en 2002, la hantait sur une base régulière. Obama, lui, avait fait part de son opposition à cette «guerre stupide» au même moment. Cela dit, deux ans plus tard, alors qu'il briguait un siège au Sénat américain, le politicien de Chicago était moins tranchant. Il a même affirmé ne pas savoir s'il se serait prononcé pour ou contre la guerre s'il avait siégé au Congrès lors du vote en 2002.

Son éloquent discours contre la guerre en Irak est toutefois ce qui a marqué les esprits. C'est ce que Bill Clinton n'a jamais été capable d'accepter. Et c'est ce que ce dernier a dénoncé devant des partisans d'Hillary au New Hampshire. Après sa tirade, il a lancé: «Cette affaire est le plus formidable conte de fées que j'ai jamais vu.»

La réplique n'allait pas tarder. «Qu'il s'attaque à Obama en parlant de conte de fées, qu'il l'appelle un gamin, comme il l'a fait la semaine dernière, c'est une insulte. En tant que Noire américaine, je trouve ces mots et le ton très déprimants», a rétorqué Donna Brazile, une conseillère démocrate réputée qui faisait partie de l'équipe de campagne de Bill Clinton en 1992 et en 1996.

Elle n'a pas été la seule à s'offusquer. Même Ted Kennedy, le vieux lion du Sénat, frère de John et de Robert, a senti le besoin de donner un coup de fil à Bill pour lui dire qu'un tel comportement était inacceptable (il allait plus tard, officiellement, accorder son appui à Barack Obama).

Mais ce vent de critiques allait se transformer en ouragan à la fin du mois de janvier 2008, à l'issue de la quatrième étape de la course au leadership démocrate, soit les primaires de la Caroline du Sud. Car Bill n'allait pas se taire. Ni mettre de l'eau dans son vin.

Le triomphe de Barack Obama lors de ce scrutin a été incontestable. Il a été déclaré gagnant avec 55 % des voix, plus du double de ce qu'a récolté Hillary (27 %). Le jour de ce scrutin, une énième sortie intempestive de Clinton avait été rapportée par les médias et était diffusée en boucle sur les réseaux d'information continue.

Il a tenté de minimiser la victoire anticipée de Barack Obama en affirmant que le pasteur Jesse Jackson avait lui aussi gagné les primaires de la Caroline du Sud en 1984 et en 1988 lorsqu'il était candidat à la Maison-Blanche. Traduction : Obama, tout comme Jackson à l'époque, est un candidat marginal qui a su bénéficier du vote de la communauté noire de l'État.

L'influence néfaste de Bill Clinton sur la campagne de sa femme a été abondamment commentée. Ce qui est passé sous le radar, toutefois, c'est l'impact négatif de l'ancien président sur l'attitude de sa femme. Difficile à mesurer, sans aucun doute. Mais avéré. Et rapporté notamment dans un article qui, publié dans le magazine *Vanity Fair* au cours de la campagne, a fait grand bruit. Le titre : « Air Fuck One » ! Le sujet : les frasques de Bill Clinton et leur effet sur la campagne de sa femme.

L'auteur de ce texte, le journaliste Todd Purdum, raconte comment un conseiller senior d'Hillary lui a expliqué que la colère de Bill Clinton manifestée depuis le début de la campagne « alimente » celle de sa femme. L'ex-président pouvait entre autres être irrité parce qu'il trouvait que les architectes de la campagne ne faisaient pas du bon boulot. Ou parce qu'il estimait que Barack Obama avait droit à un traitement de faveur de la part des médias. Et, bien évidemment, son pouvoir de persuasion étant toujours aussi efficace, il arrivait à convaincre la candidate du bien-fondé de ses récriminations. Il propageait son mécontentement tel un virus.

Dans un autre ordre d'idées, l'article exposait ses sautes d'humeur, son narcissisme et rapportait, avec moult sous-entendus, ses rencontres avec des femmes d'un bout à l'autre des États-Unis. Il faisait aussi référence à quelques relations douteuses développées au fil des ans avec certaines personnes qualifiées de « radioactives ». Notamment le milliardaire Ron Burkle, qualifié de *playboy*. L'intérêt de ce sexagénaire pour les jeunes femmes était bien connu. D'où le fait que certains ont surnommé son jet privé... Air Fuck One.

Hillary a elle-même commis de douloureux impairs, notamment en évoquant, de façon très maladroite, l'assassinat de Robert F. Kennedy.

La course à l'investiture du Parti démocrate en 1968 a été effroyablement tragique. Robert F. Kennedy, frère de feu le président John F. Kennedy, a été assassiné le 5 juin, au lendemain de sa victoire lors des primaires de la Californie. Il était dans le peloton de tête. C'est finalement le vice-président des États-Unis, Hubert Humphrey, qui triomphera chez les démocrates.

Cette course à l'issue imprévisible a été citée par Hillary en 2008 quand on lui a demandé pourquoi elle ne concédait pas la victoire à Barack Obama. «Mon mari n'a pas décroché l'investiture de 1992 avant d'avoir remporté la primaire de la Californie vers le milieu de juin, n'est-ce pas? Nous nous souvenons tous que Bobby Kennedy a été assassiné en juin en Californie», a-t-elle dit. Plusieurs ont compris qu'elle faisait référence à l'éventuel assassinat de son rival.

Hillary s'est en fait mis les pieds dans les plats à plus d'une reprise au cours de sa campagne. Une autre des gaffes qui a fait couler beaucoup d'encre a été son interprétation pour le moins romancée de son séjour en Bosnie, en 1996. Elle allait rendre visite à l'époque, en tant que première dame du pays, aux soldats américains sur place. Lors de la course à la Maison-Blanche, elle a évoqué son arrivée dans ce pays de façon dramatique, à plus d'une reprise. «Je me souviens de notre atterrissage sous le feu des *snipers*», expliquait-elle, précisant qu'elle avait dû «courir la tête baissée» vers le véhicule qui l'attendait. Le hic, c'est qu'une vidéo de l'événement est disponible. Diffusée par le réseau CBS, qui l'accompagnait lors de ce voyage, elle montre notamment Hillary, souriante, en compagnie de Chelsea qui serre la main à une enfant. «Bon, je me suis mal exprimée», a fini par admettre la candidate.

C'est une défaite contre Barack Obama en Caroline du Nord qui a été le clou dans le cercueil de la campagne d'Hillary.

La course entre Hillary et Barack Obama a été extrêmement serrée. Les électeurs de plus de 40 États (sur 50) ont voté avant qu'on puisse affirmer hors de tout doute qu'Hillary allait être battue. Voici l'histoire de cette défaite, en dix États.

1. Iowa

Au début de la course au leadership, bon nombre d'analystes prédisaient le couronnement d'Hillary. Sa troisième place aux caucus de l'Iowa, le 3 janvier 2008, derrière Barack Obama et John Edwards, a démontré pour la première fois que la candidate n'était pas infaillible.

2. New Hampshire

Revirement spectaculaire. Les électeurs du New Hampshire avaient jadis remis la campagne de Bill Clinton sur les rails. Le 8 janvier 2008, ils font la même chose pour Hillary.

3. Nevada

C'est au tour des électeurs du Nevada de se prononcer, dans le cadre de caucus, le 19 janvier 2008. Bill Clinton fait campagne sans relâche dans l'État où se trouve la ville du... vice. Avec succès. Il s'agit d'une deuxième victoire pour Hillary.

4. Caroline du Sud

Une raclée. C'est ce que fait subir Barack Obama à Hillary en Caroline du Sud, quatrième étape de la course au leadership, le 26 janvier 2008. Il triomphe avec 55 % des voix contre 27 % pour Hillary et 18 % pour John Edwards.

5. Californie

La cinquième et plus importante étape de la course se déroule le 5 février 2008. Pas moins de 23 États organisent ce jour-là des caucus et des primaires. Hillary triomphe en Californie, État le plus peuplé, mais, globalement, les deux rivaux obtiennent à peu près le même nombre de victoires et de délégués (ce sont eux qui, officiellement, déterminent le gagnant de la course).

6. Washington

Des primaires et caucus se déroulent dans trois États le 9 février 2008. Ce jour-là, Barack Obama démontre sa force de frappe. Il triomphe tant dans l'État de Washington qu'au Nebraska et en Louisiane.

7. Virginie

Barack Obama est sur une lancée. Le 12 février 2008, il met une fois de plus Hillary Clinton K.-O. Il gagne en Virginie, au Maryland et dans la capitale américaine, Washington (District de Columbia). Il avait triomphé dans l'État du Maine le 10 février et gagnera au Wisconsin et à Hawaï le 19 février. Son avance est telle, après cette série de victoires, qu'il ne peut plus perdre, affirme alors l'un de ses conseillers.

8. Ohio

Hillary n'a pas dit son dernier mot. Le 4 mars, elle l'emporte en Ohio et au Rhode Island. Les deux rivaux doivent toutefois se partager le Texas : Hillary y remporte les primaires et Barack Obama les caucus. Bilan des scrutins du jour : trop peu, trop tard pour Hillary.

9. Pennsylvanie

À l'instar de l'Ohio, la Pennsylvanie fait partie de ce qu'on appelle la *Rust Belt*, ou ceinture de rouille, ce chapelet d'États où se trouvent bon nombre d'Américains issus de la classe ouvrière, en pleine crise. Hillary y enregistre une de ses dernières victoires, le 22 avril.

10. Caroline du Nord

C'est le clou dans le cercueil de la candidature d'Hillary : une victoire écrasante de Barack Obama le 6 mai en Caroline du Nord. Hillary gagne en Indiana le même jour, mais de justesse. Dès lors, les commentateurs politiques déclarent que les jeux sont faits.

★ **Barack Obama sera le candidat démocrate à la Maison-Blanche.**

Hillary Clinton monte à la tribune de la convention démocrate de Denver, le 26 août 2008.

Fort de l'appui de Caroline Kennedy (à gauche), Barack Obama fouette ses troupes lors d'un rassemblement à Hartford, au Connecticut, le 4 février 2008.

Hillary a refusé de s'attaquer à Sarah Palin, colistière du républicain John McCain.

La victoire de Barack Obama – et, par conséquent, la défaite d'Hillary – a été officialisée à la convention démocrate de Denver, au Colorado, au mois d'août 2008. Les partisans (et par-dessus tout les partisanes) de la candidate n'avaient pas que le moral dans les talons : ils étaient enragés. On les sur-nommait les PUMA. Pas seulement en raison du félin agres-sif, mais aussi parce que l'acronyme signifiait Party Unity My Ass. Littéralement : l'unité du parti : mon cul ! « Elle n'est pas sûre si elle veut une émeute ou pas », nous avait alors dit Bryan Urias, un de ces partisans qui parlait au nom de son amie peu loquace mais en colère, Arianne Garcia. Au final, ces démocrates déçus n'ont pas gâché la fête. L'unité du parti a été préservée.

Mais les républicains avaient une arme secrète pour tenter de la faire dérailler. Tout de suite après la convention, John McCain a choisi la gouverneure de l'Alaska, Sarah Palin, comme candidate à la vice-présidence. Rétrospectivement, le consensus est clair : c'était une gaffe monumentale. Mais, à l'époque, l'équipe de Barack Obama a vraiment eu la frousse. Les journalistes John Heilemann et Mark Halperin ont révélé qu'on avait demandé à Hillary « d'émettre une déclara-tion pour critiquer durement le choix et le qualifier de strata-gème si transparent que les électrices ne se laisseraient pas duper ». Elle a toutefois refusé. « Nous devrions tous êtes fiers de la nomination historique de Sarah Palin et je la félicite, tout comme le sénateur McCain », a-t-elle affirmé, prenant soin de préciser que les politiques des deux républicains « feraient prendre la mauvaise direction à l'Amérique ».

Hillary Clinton et Barack Obama ont publiquement enterré la hache de guerre dans un village du New Hampshire au nom prédestiné : Unity.

Comme une majorité d'Américains, vous n'avez probablement jamais mis les pieds à Unity, au New Hampshire. Si ça se trouve, vous n'avez jamais, non plus, entendu parler de ce village. N'en soyez pas gênés. Il s'agit d'une localité de moins de 2 000 habitants située en plein milieu de l'État (aussi bien dire au beau milieu de nulle part), à quelque 320 kilomètres de la capitale, Concord. La seule raison qui nous pousse à vous parler de ce village est qu'en 2008, il s'y est produit une coïncidence improbable, du genre de celles qu'on retrouve dans les romans de l'Américain Paul Auster. Dans ce petit village dont le nom fait référence à une querelle qui s'est réglée dans l'harmonie au 18e siècle, Hillary Clinton et Barack Obama ont obtenu tous les deux 107 voix lors du vote tenu dans cet État au début de la course au leadership du Parti démocrate. Il n'en fallait pas plus pour que les conseillers d'Obama décident d'exploiter cette coïncidence à des fins politiques.

La campagne d'Hillary s'est officiellement terminée le 7 juin 2008 lorsqu'elle a annoncé publiquement qu'elle concédait la victoire à Barack Obama. La politicienne mettait fin ce jour-là à une lutte acrimonieuse qu'elle aura cherché à prolonger le plus longtemps possible, même si sa défaite ne faisait plus de doute.

Pour un monstre sacré comme Hillary, un tel événement se devait d'être mémorable. Elle a donc réuni des milliers de partisans au National Building Museum, à Washington, édifice notable entre autres pour ses colonnes corinthiennes en marbre. Entre deux de ces immenses piliers se tenait fièrement la politicienne, au centre d'une véritable marée humaine.

Son discours a duré 28 minutes. Ce fut l'un des meilleurs de sa campagne. Et l'un des plus touchants. Elle a su souligner

Un macaron de la campagne d'Hillary Clinton, en 2008.

tant le soutien offert par les 18 millions de personnes qui ont voté pour elle lors de la course contre Barack Obama que le caractère historique de cette performance : jamais une femme n'a été aussi près d'occuper le poste de présidente des États-Unis.

«Bien que nous n'ayons pu briser cette fois-ci le plus haut et le plus résistant des plafonds de verre, il a reçu grâce à vous 18 millions de fissures, a-t-elle lancé. Et la lumière brille à travers lui comme elle ne l'a jamais fait, elle nous remplit tous d'un espoir et d'une certitude : le chemin sera un peu plus facile la prochaine fois. Telle a toujours été l'histoire du progrès en Amérique.»

Traduction : sa défaite aura néanmoins été une victoire pour les femmes aux États-Unis.

Même si elle a répété à plusieurs reprises lors du discours qu'elle soutenait dorénavant son rival, les plaies étaient béantes. Il en fallait plus pour convaincre l'ensemble de ses partisans (tout particulièrement ses partisanes) de soutenir Barack Obama du jour au lendemain. Le Parti démocrate avait besoin d'une meilleure façon d'unifier les deux camps. D'où l'idée de rassembler les deux ténors de la formation politique à Unity.

Ce jour-là, tout avait été minutieusement préparé. Quelque 6 000 personnes ont été rassemblées dans un champ, près d'une école primaire, autour d'une tribune où sont apparus les deux anciens ennemis, de larges sourires éclairant leurs visages. Les organisateurs avaient distribué de nombreuses affiches brandies par les partisans sur lesquelles on lisait : « S'unir pour le changement ». La chanson *Beautiful Day* du groupe U2 jouait à fond la caisse. Jusqu'au tailleur bleu poudre d'Hillary qui était assorti avec la cravate d'Obama.

Sur scène, c'était à s'y méprendre : les deux orateurs ressemblaient à des amis de longue date qui se retrouvent après s'être perdus de vue pendant des années. « Je sais que ce que nous commençons ici, dans ce champ, à Unity, va se terminer sur les marches du Capitole par la prestation de serment de Barack Obama », a prédit Hillary. L'unité manifestée ce jour-là et dans les mois suivants a très certainement contribué à l'ultime victoire d'Obama.

LA COURSE AUTOUR DU MONDE

« Je crois de tout mon cœur que
c'est une nouvelle ère pour l'Amérique. »

★ **81** ★

Lorsque Barack Obama a offert le poste de secrétaire d'État à Hillary, elle n'a pas hésité une seconde et a… refusé l'offre.

On ne saura jamais véritablement pourquoi Hillary a éconduit Barack Obama lorsqu'il lui a demandé d'œuvrer à ses côtés comme secrétaire d'État, mais le fait est qu'elle a dit non. Fermement. Sans hésiter. Et qu'elle a pris une bonne semaine avant de changer d'avis.

L'idée de regrouper des «rivaux» dans son cabinet souriait à Barack Obama. Le politicien avait déclaré, avant d'être élu, avoir adoré le livre *A Team of Rivals* de l'historienne Doris Kearns Goodwin. Un essai qui raconte comment le président Abraham Lincoln, après une course au leadership déchirante en 1860, avait offert à ses trois adversaires des postes importants au sein de son cabinet, incluant celui de secrétaire d'État.

Barack Obama, rappelons-le, a été élu en projetant l'image d'un homme consensuel. Un politicien qui a sans relâche prôné l'unité et qui s'est dit prêt à tendre la main à ses rivaux aux États-Unis et ailleurs dans le monde. Mais certains de ses conseillers, incluant son stratège en chef, David Axelrod, nourrissaient de sérieux doutes quant à l'idée d'offrir le poste de secrétaire d'État sur un plateau d'argent à Hillary. «Comment pouvait-il faire de cette ancienne rivale sa numéro un en matière de politique étrangère alors qu'elle avait diffusé des publicités qui laissaient entendre qu'il n'était pas prêt à être commandant en chef?» se questionnait-il.

Barack Obama a fait fi du scepticisme au sein de son équipe. Il n'a pas perdu de temps. Il a discrètement convoqué Hillary à Chicago le 13 novembre 2008. Neuf jours après avoir été élu.

À Washington, la machine à rumeurs s'était emballée. Hillary se doutait qu'on allait lui demander de devenir la diplomate en chef des États-Unis. Pourtant, ce jour-là, elle est restée bouche bée. C'est du moins ce qu'elle a raconté. Telle une femme qu'on demande en mariage alors qu'elle ne s'y attendait pas le moins du monde.

Dans ses mémoires, elle dit carrément avoir été «sidérée». «Quelques mois plus tôt seulement, nous nous étions affrontés, Barack Obama et moi, dans l'une des campagnes des primaires les plus dures de l'histoire. Maintenant, il me demandait d'entrer dans son administration au poste le plus élevé du cabinet – quatrième dans l'ordre de succession à la présidence.»

Le poste de secrétaire d'État est en effet l'un des plus prestigieux de l'administration d'un président américain. Qui se souvient des noms des secrétaires à l'Énergie ou au Transport qui se sont succédé à Washington ces dernières années? Les secrétaires d'État, par contre, passent parfois à l'histoire, le plus connu des dernières décennies ayant été Henry Kissinger (sous Richard Nixon et Gerald Ford).

«Honorée» par la demande, Hillary a tout de même dit non. Poliment, mais fermement. «Je voulais revenir au Sénat et à mon travail pour l'État de New York», a-t-elle officiellement déclaré, même si on est en droit d'en douter.

Ce qui est sûr, toutefois, c'est que les proches d'Hillary étaient profondément divisés. Les plaies d'une campagne des plus déchirantes n'étaient pas cicatrisées. S'ils intégraient l'équipe de Barack Obama, la politicienne et sa garde rapprochée devraient se plier à ses exigences et à celles de ses conseillers. De plus, si Hillary acceptait, elle ne pourrait pas tenter à nouveau sa chance et affronter Barack Obama quatre ans plus tard si la présidence de ce dernier s'avérait être un fiasco. Tandis que si elle demeurait au Sénat, briguer à nouveau l'investiture du Parti démocrate en 2012 serait aisé.

Après le refus, Barack Obama a contacté Hillary pour la deuxième fois. Par téléphone. La politicienne a encore refusé. Cette fois, le président élu n'a rien voulu entendre: «Je veux un oui, m'a-t-il dit. Vous êtes la meilleure pour le poste», a raconté Hillary.

Quelques heures plus tard, elle le rappelait pour lui dire qu'elle acceptait son offre. Se laisser désirer lui aura permis de négocier son entrée au cabinet. Le président lui a permis de choisir la plupart des membres de son équipe au département d'État, chose rare à Washington puisque ces postes sont habituellement pourvus par l'entourage du candidat qui a remporté l'élection. Il a aussi promis qu'il lui donnerait un coup de pouce pour éponger sa dette de campagne, qui s'élevait encore à plus de 6 millions de dollars. En tant que secrétaire d'État, elle ne pouvait pas solliciter de dons.

En quatre ans, la rivalité de jadis s'est émoussée. Au terme du mandat d'Hillary, les deux politiciens ont développé «une relation professionnelle forte», mais aussi, a affirmé la politicienne, «l'amitié personnelle (que Barack Obama) avait prédite».

UN PEU D'HISTOIRE

Hillary a été la 67e secrétaire d'État. Voici la liste des dix dernières personnes à avoir occupé ce poste prestigieux.

Alexander Haig (1981 et 1982)

George Shultz (1982 à 1989)

James Baker (1989 à 1992)

Lawrence Eagleburger (1992 et 1993)

Warren Christopher (1993 à 1997)

Madeleine Albright (1997 à 2001)

Colin Powell (2001 à 2005)

Condoleezza Rice (2005 à 2009)

Hillary Clinton (2009 à 2013)

John Kerry (depuis 2013)

★ **82** ★

Au département d'État, Hillary Clinton était une adepte de la «puissance intelligente».

Ni Hillary Clinton ni Barack Obama n'auront laissé, en héritage, de doctrine en matière de politique étrangère. En revanche, en tant que secrétaire d'État, la politicienne démocrate a fait comprendre très rapidement qu'elle était une adepte de la «puissance intelligente».

Le concept a été développé par Joseph Nye, ex-secrétaire adjoint à la Défense sous Bill Clinton, qui enseigne, depuis plusieurs années, les relations internationales à la John F. Kennedy School of Government de l'Université Harvard.

Ce spécialiste de la politique étrangère américaine a développé le concept de puissance douce (*soft power*), par opposition à la puissance dure (*hard power*). La première, nous a-t-il déjà expliqué en entrevue, représente le pouvoir d'attraction qu'un pays peut utiliser pour influencer les autres. La seconde, c'est la coercition. Le recours à la force, par exemple, prisé par l'administration de George W. Bush à l'époque de la guerre en Irak. La puissance intelligente, c'est la capacité d'utiliser à la fois la puissance douce et la puissance dure, lorsque l'une ou l'autre sont requises.

Hillary a pour sa part expliqué que cela signifie à ses yeux «le choix de la combinaison d'outils – diplomatiques, économiques, militaires, politiques, juridiques et culturels – la plus adaptée à chaque situation». «En vertu de la puissance intelligente, la diplomatie sera au premier rang de la politique étrangère», a-t-elle ajouté lors de ses audiences de confirmation, le 13 janvier 2009, devant la commission des Affaires étrangères du Sénat américain. Sa confirmation par le Congrès a été, rappelons-le, une formalité.

«Combiner puissance douce et puissance dure n'a rien de neuf, explique en entrevue Philip Seib, professeur spécialisé en diplomatie publique à l'Université de Californie du Sud. Ce n'est pas d'hier que le gouvernement américain, comme bien d'autres, préconise cette approche. La difficulté, c'est de trouver un équilibre. C'est ce qu'Hillary a tenté de faire. En misant sur la persuasion au sujet d'enjeux comme les droits des femmes, mais en n'abandonnant pas des tactiques dures comme les sanctions économiques contre l'Iran.»

Et d'ajouter: «Impossible de savoir si plus de puissance douce ou plus de puissance dure aurait été plus efficace, mais je pense qu'Hillary a relativement bien réussi à trouver un juste équilibre.»

Avant et pendant son mandat, Hillary a répété plusieurs fois que sa priorité serait de redorer le blason des États-Unis dans le monde. Elle allait aussi tenter de redorer le blason du département d'État au sein de l'administration américaine. Il avait été marginalisé – le mot est faible – par le Pentagone, tout particulièrement à l'époque où le secrétaire à la Défense

Donald Rumsfeld rivalisait avec le secrétaire d'État Colin Powell.

Le multilatéralisme était de retour en grâce à Washington. Et l'émissaire choisie pour le faire comprendre avait l'avantage d'être, à l'instar de Barack Obama, une vedette aux quatre coins de la planète.

Et elle l'a sillonnée, cette planète, pour faire passer ce message. «Le véritable héritage d'Hillary Clinton, c'est possiblement ces innombrables événements publics auxquels elle a participé de Lahore à Kinshasa, où des milliers de gens ordinaires ont pu poser des questions à la secrétaire d'État et où le sujet tournait souvent autour des droits des femmes ou de l'accès à l'eau potable», a écrit le journaliste du *New Yorker* George Packer.

Hillary Clinton, selon lui, «savait qu'elle devrait être vue à l'écoute des autres afin de regagner le respect dans le monde».

★ **83** ★

Hillary a appris qu'il ne faut pas ménager la Chine.

Ménager la Chine?

C'est ce qu'Hillary a fait pendant son premier voyage en tant que secrétaire d'État. Et elle le regrette probablement encore aujourd'hui.

Rappelons le contexte. George W. Bush, président de 2001 à 2009, s'est comporté, sur le plan des relations internationales, comme un fier-à-bras. Il a intimidé une bonne partie de la planète. «Soit vous êtes avec nous, soit vous êtes contre nous», avait dit, dans la foulée des attentats du 11 septembre 2001, celui qui a successivement déclaré la guerre à l'Afghanistan et à l'Irak.

Barack Obama a pour sa part été élu en promettant de réparer les pots cassés. D'être le remède au virus qu'avait été Bush pour la réputation des États-Unis à l'étranger. Sa diplomate en chef, Hillary, souhaitait par-dessus tout dialoguer et créer un climat de coopération. Bref, mener une stratégie d'engagement. Y compris avec la Chine, grand rival des États-Unis.

Moins d'un mois après être entrée en fonction, dans le cadre du «pivot vers l'Asie» de l'administration de Barack Obama, Hillary s'est rendue dans quatre pays de ce continent, dont la Chine. Peu avant son arrivée à Pékin, elle a déclaré: «Les administrations (américaines) successives et les gouvernements chinois ont été agités par cette question (des droits de l'homme) et il faut que l'on continue à faire pression. Mais (cela) ne doit pas interférer avec la crise économique mondiale, le changement climatique et la sécurité.»

Venant d'elle, c'était une surprise. Le respect des droits de la personne a toujours été une de ses préoccupations. Rappelons qu'un de ses discours les plus mémorables en tant que première dame, sur les droits des femmes, a été prononcé en Chine à l'automne 1995. Elle avait dénoncé de façon éloquente les autorités chinoises à ce sujet.

En 2009, l'impression qu'elle balayait les droits de la personne sous le tapis a fait grimper dans les rideaux les organisations de défense des droits de l'homme. Amnistie internationale a même affirmé qu'Hillary portait «atteinte aux futures initiatives américaines visant à protéger ces droits en Chine».

On pourrait croire que l'impact sur la Chine a été positif. Pourtant, Pékin a interprété cette déclaration comme un signal de la faiblesse des États-Unis.

«La politique initiale de l'administration Obama visant à éviter les conflits avec la Chine n'a pas mené à plus d'accommodements, mais à des demandes plus insistantes de la Chine, qui mettait également plus souvent à l'épreuve la volonté américaine», a conclu, comme bien d'autres, le spécialiste américain de la politique étrangère James Mann.

Au département d'État, on a vite constaté qu'il fallait renverser la vapeur. «C'est Hillary Clinton qui inaugura ce revirement, a expliqué le journaliste du *New York Times* David Sanger. Au cours de l'été 2010, elle fut invitée à un sommet régional de huit pays d'Asie du Sud-Est en qualité d'"observatrice". Mais elle profita de l'occasion pour appeler les pays de la région à s'organiser afin de résister et de se défendre contre la campagne agressive de la Chine. C'était comme organiser les gamins du quartier pour qu'ils se dressent collectivement contre la terreur du voisinage.»

Les autorités chinoises ont été outrées. Mais elles ont aussi cessé de se comporter comme si elles pouvaient faire obéir la puissance américaine au doigt et à l'œil. Elles avaient compris que les États-Unis ne se laisseraient plus marcher sur les pieds.

Le clou dans le cercueil de la politique d'engagement à tout prix à l'égard de la Chine a été planté par Hillary à l'automne 2010, au cours d'un discours prononcé devant le Council on Foreign Relations, un des instituts de recherche incontournables en sol américain sur le plan des affaires étrangères: «Les États-Unis peuvent et doivent diriger en ce nouveau siècle», a-t-elle affirmé, avant d'ajouter que les citoyens de partout dans le monde «attendent de l'Amérique non seulement qu'elle s'engage, mais qu'elle dirige». Elle a même dit que Washington ne tairait jamais ses désaccords avec d'autres nations, citant explicitement comme exemple les droits de l'homme avec la Chine.

Un discours ferme qui donne une idée de son approche en matière de relations internationales si elle est élue présidente.

UN PEU D'HISTOIRE

Le dissident aveugle

Un des succès notables du mandat d'Hillary Clinton au département d'État a été sa gestion efficace d'un cas on ne peut plus délicat : celui du dissident aveugle Chen Guangcheng. En avril 2012, ce militant renommé a contacté l'ambassade américaine à Pékin. En résidence surveillée depuis 2010 – après avoir purgé une peine de prison –, il avait réussi à s'échapper, escaladant un mur et se cassant un pied dans sa fuite. Hillary n'a pas hésité longtemps et a demandé à ses diplomates sur le terrain d'aller le chercher, même si elle risquait de choquer les autorités chinoises. Elle a ensuite orchestré un « déploiement de diplomatie à haut risque » et a su convaincre la Chine de laisser le dissident trouver refuge aux États-Unis, où il habite encore aujourd'hui.

★ **84** ★

Hillary a mis la Birmanie sur le chemin de la démocratisation.

« Notre politique à l'égard de ce pays a fini par devenir l'une des réalisations les plus passionnantes de mon action de secrétaire d'État. »

Rien ne pouvait laisser présager, lorsqu'Hillary est devenue secrétaire d'État, qu'elle pourrait, à l'issue de son mandat, citer le dégel en Birmanie (aussi appelé Myanmar) comme l'un de ses accomplissements les plus substantiels.

Car rien ne pouvait laisser croire que les militaires qui dirigent avec une main de fer ce pays de quelque 50 millions d'habitants – qui partage une frontière commune de 2 000 kilomètres avec la Chine – seraient enclins à prendre le chemin de la démocratisation.

La leader de l'opposition démocratique dans ce pays depuis la fin des années 1980, Aung San Suu Kyi, était en résidence surveillée depuis de nombreuses années quand Hillary est entrée en poste. Fille du héros national birman Aung San, celle qu'on a déjà qualifiée de «Nelson Mandela de Birmanie» a reçu le prix Nobel de la paix en 1991.

En 2010, soudainement, le régime birman a cherché à faire comprendre à l'Occident qu'il était prêt à mettre de l'eau dans son vin. D'abord de façon maladroite : en novembre, il a organisé un premier scrutin en 20 ans, mais s'est assuré de faire triompher un parti qu'il avait créé de toutes pièces.

En revanche, au cours des 12 mois qui ont suivi ces élections, la junte militaire a rendu sa liberté à Aung San Suu Kyi. Ensuite, après l'élection d'un président, l'ancien militaire Thein Sein, la junte a été dissoute. Le nouveau régime a lancé des pourparlers de paix et a annoncé la libération de prisonniers politiques.

Parallèlement, Hillary a elle aussi commencé à chercher des solutions de rechange à la «politique d'isolement et de sanctions» américaine qui ne menait nulle part. En collaboration avec certains membres du Congrès ayant joué un rôle important dans l'imposition des sanctions, elle a fait miroiter au régime birman des changements potentiels. Elle a ensuite passé des paroles aux actes.

Pour faire comprendre le changement d'attitude de l'administration, elle s'est rendue en Birmanie en décembre 2011. Ce voyage a été aussi remarqué qu'il était remarquable, car cela faisait plus d'un demi-siècle qu'aucun diplomate en chef des États-Unis n'avait posé le pied dans ce pays paria.

Sur place, Hillary a rencontré le président Thein Sein et lui a expliqué comment et sous quelles conditions les sanctions pourraient être levées. Elle a aussi – et surtout – rencontré Aung San Suu Kyi. «J'ai eu l'impression que nous nous connaissions depuis toujours, même si nous venions de nous rencontrer», a-t-elle raconté.

Les efforts d'Hillary ont porté leurs fruits. On a assisté à un véritable dégel. En mars 2012, des élections ont même permis à Aung San Suu Kyi de devenir membre du Parlement. Le régime a continué à mettre de l'avant des réformes et à libérer des prisonniers politiques.

Et comme promis, Washington a jeté du lest. L'essentiel des sanctions a été levé, et l'administration de Barack Obama a injecté des millions dans l'économie birmane.

Cette grande réconciliation entre les deux pays a mené à une visite conjointe de Barack Obama et d'Hillary en Birmanie, en novembre 2012, vers la fin du mandat de quatre ans de la secrétaire d'État.

Les deux politiciens avaient une autre raison de célébrer. Il s'agissait aussi pour eux d'une victoire politique. Ils venaient de pousser vers la démocratie et d'attirer vers eux un allié traditionnel de la Chine et de son régime autoritaire.

Pour Christina Fink, professeure à la Elliott School of International Affairs de l'Université George Washington et spécialiste de la Birmanie, l'impact d'Hillary et du président américain dans ce dégel ne fait pas de doute.

«Le gouvernement du Myanmar a pris lui-même la décision de s'ouvrir (à l'Occident) pour plusieurs raisons, incluant son désir de relancer l'économie, de jouir d'un statut plus important dans la région et de réduire sa dépendance à l'égard de la Chine, explique-t-elle en entrevue. Le gouvernement était donc prêt au rétablissement de bonnes relations avec les États-Unis et les visites, ainsi que l'intérêt soutenu d'Hillary Clinton et de Barack Obama, ont facilité ce processus.»

La partie n'est toutefois pas gagnée. Le parti d'Aung San Suu Kyi a remporté des élections historiques en novembre 2015, mais les militaires l'ont empêchée de devenir présidente et ont conservé une partie du pouvoir. Il aurait été «naïf» de penser que le pays se transformerait du jour au lendemain d'une dictature tyrannique en une démocratie, estime Christina Fink. Mais selon cette spécialiste, on peut réellement parler d'un succès pour les États-Unis en général et pour Hillary en particulier. «Si votre définition de succès est réaliste, c'est-à-dire qu'elle se base sur une ouverture politique, une imputabilité plus grande du gouvernement envers ses citoyens et un cheminement vers une paix durable, alors oui, absolument, c'est un succès.»

Le politicien qui a le plus inspiré Hillary est Nelson Mandela.

En tant que diplomate en chef la plus puissante du monde, Hillary a eu un accès privilégié à plusieurs leaders politiques aux quatre coins de la planète. Nelson Mandela est celui qu'elle a jugé le plus inspirant. «Je suis émerveillée par la façon dont, à sa sortie de prison, il s'est mis au service du pardon, de la réconciliation et de l'unité. Ce n'était vraiment pas facile. Il est mon étoile polaire», a-t-elle déjà déclaré. Voici ce qu'elle a dit au sujet d'autres politiciens.

Le premier ministre israélien Benyamin Nétanyahou :

«Malgré nos divergences politiques, nous avons travaillé ensemble [...] en associés et amis. Nos querelles n'étaient pas rares, et survenaient souvent lors de coups de fil qui duraient plus d'une heure, parfois deux. Mais, même lorsque nous n'étions pas d'accord, nous n'avons jamais remis en cause notre engagement inaltérable en faveur de l'alliance entre nos deux pays. »

L'ex-président français Nicolas Sarkozy :

« La plupart des dirigeants étrangers se révèlent plus calmes dans la vraie vie que lorsqu'ils sont sur scène. Pas lui. En personne, il était encore plus survolté et plus drôle. Être assis à côté de lui, dans un meeting, c'était toujours une aventure. [...] Il ne mâchait pas ses mots, disait de tel chef d'État qu'il était fou, infirme ou «accro à la drogue » ; d'un autre qu'il avait une armée «qui ne savait pas se battre » ; d'un autre encore qu'il était issu d'une «longue lignée de brutes ».

La chancelière allemande Angela Merkel :

«Mon admiration pour elle a grandi durant mon mandat de secrétaire d'État. Elle se montrait résolue, intelligente, directe et livrait toujours le fond de sa pensée sans détour. [...] Elle abordait chaque discussion avec une grande curiosité, armée de questions sur les événements, les gens et les idées, contrairement à certains chefs d'État persuadés de déjà tout savoir. »

La politicienne birmane Aung San Suu Kyi :

« Elle était mince, et même frêle, mais dotée d'une force intérieure évidente. Elle avait la calme dignité et l'intensité recueillie d'un esprit vif dans un corps longtemps emprisonné. Elle montrait des qualités que j'avais déjà entr'aperçues chez d'autres anciens prisonniers politiques, notamment Nelson Mandela et Vaclav Havel. »

Le président russe Vladimir Poutine :

« Il agit comme un casse-pieds et de façon dédaigneuse. Il a plusieurs personnalités. S'il vous regarde de façon intense avec ses yeux bleu vif, c'est parce qu'il attend quelque chose de vous ou qu'il veut vous faire passer un message. Il peut être charmeur. Mais il peut être aussi très dur lorsqu'on fait affaire avec lui et agir comme si c'était un fardeau pour lui de discuter avec d'autres leaders mondiaux. »

★ **86** ★

Hillary souhaitait un nouveau départ dans les relations entre les États-Unis et la Russie.

C'est en quelque sorte l'histoire d'un nouveau départ qui a mal démarré... Et qui s'est mal terminé.

En mars 2009, quelques semaines après son entrée en fonction, Hillary a rencontré son homologue russe à Genève, en Suisse. La formule officielle utilisée par Washington à l'époque était celle d'un « nouveau départ » entre les deux pays, dont la relation se détériorait depuis plusieurs années.

Un conseiller d'Hillary a suggéré d'offrir au ministre russe des Affaires étrangères, Sergueï Lavrov, un bouton rouge sur lequel serait inscrit, en anglais et en russe, le mot « redémarrage » (*reset*). Ce conseiller n'a toutefois pas demandé aux traducteurs du département d'État de valider son initiative. Une erreur de débutant. Le mot « *perezagruzka* », qui a été inscrit sur le bouton, ne veut pas dire redémarrage, mais plutôt « surtaxé ». Gênant...

N'empêche, pendant un certain temps, les relations entre les deux pays ont tout de même semblé prendre du mieux. Le président russe d'alors, Dmitri Medvedev (de mai 2008 à mai 2012, soit la période qui correspond grosso modo à celle du premier mandat de Barack Obama), s'est même entendu avec les États-Unis pour un nouveau traité START de désarmement nucléaire. Selon l'entente, en vigueur depuis février 2011, tant Moscou que Washington doivent réduire leur arsenal à un maximum de 1 550 ogives nucléaires déployées.

Autre signe de bonne volonté de la part de Moscou, la Russie ne s'est pas opposée à une résolution adoptée à l'ONU autorisant «tous les moyens nécessaires» pour «la protection des civils» en Libye, menacés par le régime de Mouammar Kadhafi.

Puis, en mai 2012, Vladimir Poutine est redevenu président. Il l'avait été de 1999 à 2008, mais conformément à la Constitution du pays, il ne pouvait pas se représenter une troisième fois. Il a donc donné son appui à son dauphin, Dmitri Medvedev, qui ne s'est pas représenté après son unique mandat.

Le nouveau départ, esquissé pendant que Medvedev était président, a été réduit à néant. L'impérialisme russe était de retour. Et, pour Hillary, la messe était dite. Vladimir Poutine est intraitable et rien ne peut prévenir ses «actes belliqueux», a-t-elle estimé après son mandat de secrétaire d'État. «Ni la rhétorique rigide de l'administration Bush, caractérisée par la guerre de prévention, ni la préférence de l'administration Obama pour une coopération pragmatique dans des domaines clés.»

Selon elle, la Russie paie le prix, depuis plus de 15 ans, des lubies de Vladimir Poutine. Elle «demeure figée entre un passé auquel elle ne veut pas tourner le dos et un avenir qu'elle refuse».

Des propos durs. Mais le président russe n'a guère été plus tendre à l'égard de la politicienne démocrate. «Il vaut mieux ne pas se disputer avec les femmes. Mais Mme Clinton n'a jamais été très élégante dans ses déclarations», a-t-il déclaré à l'été 2014. Il réagissait à une tirade d'Hillary Clinton, qui avait dressé un parallèle entre les intentions du président russe et celles d'Adolf Hitler. « Quand les gens dépassent les limites, ce n'est pas parce qu'ils sont trop forts, mais parce qu'ils sont trop faibles. Mais peut-être que la faiblesse n'est pas la pire des caractéristiques pour une femme », a ajouté Vladimir Poutine, qui pourrait demeurer à la tête de la Russie jusqu'en 2024 s'il est réélu en 2018. De quoi donner des maux de tête à Hillary Clinton si elle est élue à la présidence américaine en 2016.

★ **87** ★

Hillary était en faveur du raid risqué des forces spéciales américaines contre Oussama ben Laden.

Si Hillary ne s'est pas démarquée par sa brusquerie comme diplomate en chef, il reste que ses décisions, en quatre ans à ce poste, ont confirmé qu'elle est une femme d'action et qu'elle est prête à soutenir l'emploi de la force militaire américaine lorsqu'elle le juge nécessaire. Comme son vote pour la guerre en Irak, lorsqu'elle était au Sénat, l'avait déjà démontré.

L'un des exemples les plus flagrants a été son attitude lors de la traque du chef d'Al-Qaïda, Oussama ben Laden. Hillary était membre d'un groupe de discussion restreint, à la Maison-Blanche, à ce sujet. Lors des rencontres, où plusieurs étaient sceptiques quant à l'idée de mener un raid contre le terroriste au Pakistan, elle n'a pas hésité à donner son aval à l'opération.

Deux des poids lourds du cabinet de Barack Obama n'étaient pas chauds à l'idée. Bob Gates, secrétaire à la Défense, un vieux routier qui était à la tête de la CIA au début des années 1990, et Joe Biden, vice-président, ayant jadis été la référence en matière de politique étrangère au Sénat. Ils souhaitaient qu'on en vienne à confirmer avec plus de certitude qu'Oussama ben Laden était bel et bien dans le bâtiment suspect ciblé par la CIA à Abbottabad, au Pakistan.

«Je respectais les réserves de Bob et de Joe au sujet du raid, mais j'ai conclu que les preuves étaient convaincantes et que la possibilité de réussite l'emportait sur les risques. Il fallait simplement nous assurer que tout fonctionnerait comme prévu», a écrit Hillary.

On connaît la suite. Obama a décidé d'aller de l'avant avec le raid malgré les risques que cela posait. L'ennemi public numéro un des États-Unis y était et il a été tué par le commando des forces spéciales américaines.

En somme, paradoxalement, la diplomate en chef des États-Unis faisait partie des faucons de l'administration de Barack Obama. Elle était aussi parmi ceux qui réclamaient l'envoi de renforts en Afghanistan et a milité pour des frappes en Libye contre le régime de Mouammar Kadhafi.

Comme plusieurs membres de l'entourage de Barack Obama, Hillary a été marquée par le génocide rwandais. «Elle avait bien vu comment, au milieu des années 1990, son mari n'avait rien fait pour empêcher le massacre des 800 000 Rwandais, ce qu'il avait amèrement regretté plus tard, considérant qu'il s'agissait de la plus grande faute de sa présidence», a résumé le journaliste du *New York Times* David Sanger.

★ **88** ★

Hillary aurait souhaité armer les opposants au régime syrien, mais Obama s'y est opposé.

La loyauté est une valeur chère à Hillary. Celle de ses proches à son égard, qu'elle estime et récompense. Et la sienne à l'égard des autres. Du début à la fin de son mandat de secrétaire d'État, elle a été on ne peut plus loyale à l'égard de Barack Obama. Si elle a eu certains désaccords avec le président américain, elle a pris soin de les taire jusqu'à son départ. Selon ce qu'elle a expliqué par la suite, dans ses mémoires et lors d'une entrevue avec un journaliste du magazine *The Atlantic*, le dossier principal sur lequel elle n'était pas sur la même longueur d'onde que son commandant en chef était celui de la crise en Syrie. Dans ce pays, l'hiver djihadiste a rapidement chassé le printemps arabe et l'enthousiasme qu'il avait fait naître. Le président syrien Bachar al-Assad s'est accroché au pouvoir et le soulèvement qui avait débuté en mars 2011 s'est transformé en guerre civile. Le pays a été plongé dans le chaos.

Deux ans plus tard, l'administration était en mode solution. Le problème, et même Hillary le reconnaissait, c'est qu'il n'y avait «pas de bonne solution». La meilleure option était néanmoins, pensait-elle, d'armer et d'entraîner les plus modérés des rebelles syriens afin qu'ils prennent le pas sur les plus radicaux. Elle a présenté son plan au président à l'été 2012, conjointement avec le directeur de la CIA de l'époque, le général David Petraeus. Mais Barack Obama n'était pas d'accord. «Personne n'aime perdre dans un débat, et moi non plus. Mais le choix relevait de l'autorité du président, et je respectais ses réflexions et sa décision», a expliqué Hillary dans ses mémoires.

Peu après leur publication, elle a récidivé lors d'une entrevue qui a fait grand bruit. «Les grandes nations ont besoin de principes directeurs et ne pas faire de choses stupides n'est pas un principe directeur», a-t-elle dit au journaliste Jeffrey Goldberg. L'expression «ne pas faire de choses stupides» était souvent utilisée par les conseillers de Barack Obama à une certaine époque pour résumer sa doctrine en matière de politique étrangère. Hillary a pris soin de présenter ses excuses après avoir tenu ces propos incendiaires.

89

Un ambassadeur américain est mort en service
pendant le mandat d'Hillary.

Les quatre ans d'Hillary au département d'État ne sont pas
dignes d'un prix Nobel de la paix, récompense que certains
de ses prédécesseurs ont reçue. Mais si elle ne laisse pas
derrière elle d'accomplissements majeurs – l'implantation d'un
plan de paix israélo-palestinien, par exemple –, son bilan est
néanmoins jugé positif par la plupart des experts.

Cela dit, même ses partisans les plus convaincus, qui estiment
que ce bilan est reluisant, doivent admettre qu'il est obscurci
par une tache : le dossier libyen.

L'ampleur de cette tache est sujette à interprétation. Pour
bon nombre de républicains, il s'agit d'un fiasco doublé d'une
tragédie : la mort de quatre Américains à Benghazi, le 11 septembre 2012. Pour la plupart des démocrates, l'insistance des
républicains à souffler sur les braises de cette controverse à
coups de déclarations péremptoires et d'enquêtes du Congrès
s'apparente à une véritable chasse aux sorcières.

Revenons aux sources de la crise libyenne. Tout commence
dans la foulée des soulèvements en Tunisie et en Égypte.
Mouammar Kadhafi, tyran aussi excentrique qu'imprévisible,
tente de contenir les Libyens avides de liberté qui ont commencé à manifester en les menaçant. Il passe ensuite de la
parole aux gestes. Il contre-attaque. Rapidement, sur le terrain,
ça se gâte. Le chef d'État libyen déclare publiquement que les
manifestants sont « des rats et des mercenaires ». Il promet de
nettoyer son pays « maison par maison » si la rébellion ne
cesse pas.

À la mi-mars 2011, quelques semaines après le début de la
contestation, les progrès de Mouammar Kadhafi et de son
armée sont indéniables. Il semble sur le point de mater les
rebelles, dont plusieurs ont battu en retraite à Benghazi, leur

fief. Cette ville de l'est du pays est située à la frontière de l'Égypte, à quelque 1 000 kilomètres de la capitale, Tripoli.

Dans les capitales occidentales (Paris et Londres en tête), certains estiment alors qu'il serait criminel de rester les bras croisés. On discute notamment de l'établissement d'une zone d'exclusion aérienne pour «protéger les populations civiles». À Washington, un débat fait rage au sein de l'administration de Barack Obama. Bob Gates, secrétaire à la Défense qui a tenté de réparer les pots cassés par Donald Rumsfeld depuis qu'il lui a succédé, estime qu'intervenir serait une erreur.

«Appelons un chat un chat. Une zone d'exclusion aérienne devrait d'abord débuter par une attaque contre la Libye, dans le but de détruire ses défenses aériennes», dit le chef du Pentagone lors d'audiences au Congrès américain. Bref, soutient-il, une telle initiative équivaut à une déclaration de guerre pure et simple.

Le conseil de sécurité nationale américain donnera en fin de compte le feu vert à une opération militaire sous l'égide de l'Organisation du traité de l'Atlantique nord (OTAN). Le régime libyen ne fait pas le poids. Il est rapidement mis en déroute. Mouammar Kadhafi, ayant fui, sera retrouvé et tué six mois plus tard.

La réaction d'Hillary lorsqu'elle apprend la mort de Kadhafi a été filmée. La secrétaire d'État était sur le point d'accorder une entrevue au réseau CBS. «Nous sommes venus, nous avons vu, il a été vaincu», s'est-elle exclamée en s'esclaffant.

À l'époque, parmi son entourage, certains pensaient que cette intervention en Libye, dans laquelle elle s'est investie avec passion, entrerait dans l'histoire comme l'un de ses grands faits d'armes. Mais plus les mois passeront, moins les membres de l'administration Obama auront le cœur à la fête. En sol libyen, la situation s'envenime. La transition démocratique espérée a du plomb dans l'aile. Les ressources du pays sont dilapidées par les nouveaux dirigeants, dont les milices font régner la terreur. Cette instabilité devient un terreau fertile pour les extrémistes et les terroristes.

Le 11 septembre 2012, la Libye se transforme en cimetière pour quatre Américains et en cauchemar pour Hillary. La mission diplomatique américaine à Benghazi est attaquée. L'ambassadeur Chris Stevens, deux agents de la CIA et un responsable de «la gestion de l'information» au département d'État sont tués. La dernière fois qu'un ambassadeur américain avait trouvé la mort à l'étranger, c'était en Afghanistan, en 1979.

Une enquête indépendante, commandée par le département d'État et effectuée par un comité de révision (ARB, pour Accountability Review Board), est menée. Ce comité est coprésidé par un diplomate, l'ex-ambassadeur américain aux Nations Unies Thomas Pickering, et un militaire, l'ancien chef d'état-major interarmes Mike Mullen.

Hillary est blanchie par le rapport, dévoilé à la mi-décembre. Mais le département d'État est écorché. On dénonce «des ratés et des carences de deux divisions du département d'État qui ont conduit à mettre en place un dispositif de sécurité largement inadéquat pour faire face à l'attaque». On dénonce aussi le fait que personne au département d'État à Washington n'a semblé sensible aux inquiétudes manifestées, en matière de sécurité, par les employés sur le terrain en Libye.

Quatre responsables de la diplomatie américaine sont blâmés à la suite de cette enquête. L'un démissionne – le secrétaire adjoint chargé de la sûreté diplomatique – et trois autres sont démis de leurs fonctions. Les États-Unis n'ont pas nommé immédiatement d'ambassadeur en Libye pour remplacer Chris Stevens. C'est un chargé d'affaires qui a pris la relève, pour quelques mois, à partir d'octobre 2012 : Laurence Pope. Ce diplomate de carrière estime que la tragédie de Benghazi n'est pas un échec qui doit être attribué à la gestion d'Hillary. «Qu'aurait-on pu faire, n'ayant pas le contrôle du terrain qui restait entre les mains de groupuscules armés ? Le gouvernement avec lequel j'ai eu l'honneur de traiter pendant un moment en était l'otage», a-t-il affirmé au cours d'une entrevue au sujet des parlementaires élus à l'été 2012 lors des premières élections libres de l'histoire du pays.

Hillary sera sommée de s'expliquer par une commission d'enquête au Sénat américain. Elle s'y présente le 23 janvier 2013, à la toute fin de son mandat de quatre ans. Le Tout-Washington est suspendu à ses lèvres. Elle témoignera pendant cinq heures.

Les audiences sont hautement politisées. Certains républicains qui y participent se lanceront, au cours des mois suivants, dans la course à la Maison-Blanche. L'un d'eux, le sénateur du Kentucky Rand Paul, va jusqu'à dire que s'il avait été président, il aurait congédié Hillary.

La secrétaire d'État, pour sa part, livre une performance sans véritable fausse note. «Comme je l'ai dit à de nombreuses reprises, j'en assume la responsabilité», dit-elle au sujet de la mort de quatre de ses employés.

Elle ne s'emportera véritablement qu'une seule fois, quand le sénateur du Wisconsin Ron Johnson dénoncera le fait que l'ambassadrice américaine aux Nations Unies, Susan Rice, avait initialement affirmé que l'attaque était le résultat de manifestations contre un film islamophobe américain, intitulé *L'Innocence des musulmans*.

En tant que porte-parole de la Maison-Blanche à ce sujet, Susan Rice avait effectivement déclaré que des «éléments extrémistes» qui participaient à ces manifestations avaient attaqué la mission diplomatique. Selon elle, l'assaut n'avait été ni «prémédité» ni «coordonné». Or, il n'y a en vérité pas eu de manifestations, ont reconnu un peu plus tard la Maison-Blanche et le département d'État.

Les questions de Ron Johnson ont fait sortir Hillary de sa réserve habituelle. «Quatre Américains venaient de mourir, a-t-elle répliqué, haussant le ton. Quelle différence, à ce stade, cela faisait-il que cela ait été à cause d'une manifestation ou parce que des types étaient sortis un soir dans l'idée de tuer des Américains ?»

Les membres républicains du Congrès n'allaient pas s'arrêter là ! Au total, sept commissions se sont penchées sur l'attaque de la mission diplomatique à Benghazi. Plusieurs millions ont été dépensés. Et neuf rapports ont été publiés. En octobre 2015, Hillary a de nouveau été convoquée pour un long témoignage (11 heures!), cette fois par une commission issue de la Chambre des représentants, dirigée par le républicain Trey Gowdy, de la Caroline du Sud. Les médias américains ont été unanimes: la politicienne s'en est sortie sans égratignures. On ne peut en dire autant des parlementaires. Le public a pu les voir se quereller, les démocrates accusant les républicains de harcèlement à l'égard de l'aspirante à la Maison-Blanche.

«C'est une affaire politisée à outrance, soutient pour sa part Laurence Pope. L'enquête du comité de révision du département d'État reste définitive. Pour le reste, il s'agit de noircir Mme Clinton coûte que coûte.»

Cela dit, l'opération en Libye n'a pas donné les résultats escomptés. En 2014, le pays a de nouveau sombré dans une guerre civile. «L'ironie est que certains de ceux qui ont le plus critiqué le président Bush parce qu'il n'avait pas de plan pour l'après-Saddam Hussein en Irak n'avaient pas, eux, planifié ce qu'il faudrait faire en Libye après la chute de Kadhafi», a déclaré Bob Gates en mai 2015, dénonçant ses anciens collègues de l'administration Obama. Et dire que des proches d'Hillary pensaient jadis que l'intervention en Libye serait citée comme l'un des succès de son mandat de secrétaire d'État…

ILS ONT DIT

Ce sont les historiens qui seront chargés, à la lumière des développements sur la scène internationale, de déterminer de façon officielle le bilan des quatre années passées par Hillary Clinton au département d'État. D'ici là, bon nombre de politiciens se sont déjà prononcés. En voici quatre.

Le président Barack Obama :

« Elle a été une secrétaire d'État exceptionnelle. Je pense qu'elle ferait une excellente présidente. »

L'ancien sénateur du Massachusetts John Kerry, son successeur au département d'État :

« Elle a accompli un travail formidable pour reconstruire les alliances qui avaient été réduites en pièces au fil des années précédentes. »

Le sénateur républicain Marco Rubio, candidat à la Maison-Blanche en 2016 :

« Hillary est une leader d'hier dont le mandat de secrétaire d'État a été au mieux inefficace et au pire dangereusement négligent. »

L'ex-gouverneur républicain Jeb Bush, candidat à la Maison-Blanche en 2016 :

« Les failles dans la sécurité à Benghazi sont l'exemple frappant d'une politique étrangère marquée par l'incompétence. Le rôle d'Hillary Clinton en tant que secrétaire d'État doit aujourd'hui être examiné. »

90

1,54 MILLION

Total des kilomètres parcourus par Hillary Clinton en tant que secrétaire d'État

En l'espace de quatre ans, Hillary a visité pas moins de 112 pays et parcouru près de 1,6 million de kilomètres (plus exactement 1,54 million de kilomètres, soit 956 733 milles). L'ex-première dame des États-Unis a battu le record du nombre de pays visités par un diplomate en chef. C'est Madeleine Albright (secrétaire d'État sous Bill Clinton) qui le détenait jusqu'ici, avec 96 pays visités. Au chapitre de la distance parcourue au cours de son mandat, Hillary termine cependant deuxième. Condoleezza Rice (secrétaire d'État sous George W. Bush) a enregistré 1,7 million de kilomètres au compteur. Record ou pas, le bilan – en chiffres – d'Hillary frappe l'imagination.

1,54 MILLION DE KILOMÈTRES, C'EST :

4 FOIS
LA DISTANCE
DE LA TERRE
À LA LUNE
(384 400 KM)

280 FOIS
LA DISTANCE
ENTRE MONTRÉAL
ET PARIS
(5 502 KM)

DERNIÈRE CHANCE

« Les Américains de tous les jours ont besoin d'une championne.
Je veux être cette championne. »

★ **91** ★

Hillary a lancé sa deuxième course à la Maison-Blanche avec un... « road trip ».

Le dimanche 12 avril 2015, une fourgonnette noire de marque Chevrolet a quitté la luxueuse résidence des Clinton, à Chappaqua, dans l'État de New York. Personne ne le savait alors, mais Hillary était à bord et se dirigeait vers l'Iowa, incognito. Un *road trip* d'environ 16 heures qui allait la mener dans l'État dont les caucus donnent le coup d'envoi de la course à la Maison-Blanche tous les quatre ans.

Objectif, pour cette politicienne aussi riche que célèbre : corriger la perception qu'elle est déconnectée de l'Américain moyen. Elle a d'ailleurs diffusé, lors de ce trajet, une photo d'elle dans une station-service en Pennsylvanie. Le lendemain, les médias ont ensuite publié une photo d'elle sur le point de passer une commande dans un restaurant Chipotle (une chaîne spécialisée dans la restauration mexicaine), en Ohio.

Photo tirée de la vidéo du lancement de la campagne présidentielle d'Hillary Clinton, le 13 juin 2015.

L'image véhiculée tranchait avec celle projetée quatre ans plus tôt. Hillary utilisait alors non seulement un jet privé pour se rendre en Iowa, mais elle avait aussi parcouru l'État en hélicoptère, ce qui n'avait pas manqué d'étonner le public... et de détonner. Un peu comme si un candidat québécois au poste de premier ministre passait d'un village à l'autre en hélicoptère lorsqu'il fait campagne en Gaspésie... L'engin de l'équipe d'Hillary avait même eu droit à son propre surnom à l'époque : *Hil-o-copter*.

Le départ d'Hillary en fourgonnette coïncidait avec la diffusion d'une vidéo sur le Web officialisant sa candidature. Encore là, la discrétion a été de mise. La vidéo dure 2 minutes et 18 secondes. Hillary n'y apparaît qu'à partir de la 9e seconde. On la voit ou on l'entend pendant uniquement 37 secondes au total. «Les Américains de tous les jours ont besoin d'une championne. Je veux être cette championne», dit-elle après avoir annoncé qu'elle se lance dans la course. Et d'ajouter : «Je pars sur le terrain pour gagner votre voix.»

Les vedettes de sa vidéo? Plusieurs Américains de la classe moyenne qui parlent de leur avenir et énumèrent leurs objectifs. Y compris – ce qui a été remarqué, on s'en doute – un couple gai. Jared Milrad et Nate Johnson, qui expliquent être en train de se préparer à se marier quelques mois plus tard. Le mariage gai demeurant un enjeu controversé et hautement politique aux États-Unis, ce témoignage n'a rien d'un hasard.

Par-dessus tout, les stratèges d'Hillary ont évité de présenter l'image d'une candidate assurée de triompher, insistant sur le fait qu'elle ne tenait pas les électeurs américains pour acquis et qu'elle souhaitait être à leur écoute. D'où l'idée de s'éclipser pour les laisser témoigner l'un après l'autre.

Son bref séjour en Iowa à la suite de son *road trip* a été à l'image de la vidéo. Aucun grand rassemblement. Elle a plutôt organisé quelques rencontres en mode presque informel, notamment avec une poignée d'étudiants et de professeurs dans un collège communautaire ainsi qu'avec des entrepreneurs. Elle a aussi profité de ses arrêts dans les restaurants et les cafés de l'État pour discuter avec des clients.

Sa stratégie n'était pas un secret. À l'issue de son séjour, Hillary l'a explicitée dans une lettre publiée dans les pages éditoriales du *Des Moines Register*, le quotidien le plus réputé de l'État. «Lors de mon séjour en Iowa, je voulais faire quelque chose d'un peu différent. Pas de grands discours ni de rassemblements. Tout simplement parler directement avec des gens ordinaires de l'Iowa. Parce que cette campagne ne sera pas à mon sujet, mais bien au sujet des habitants de l'Iowa et des gens à travers le pays qui sont prêts pour un avenir meilleur.»

De l'avis général, la candidate n'aurait pas pu faire mieux que ce début de campagne. Le journal *Politico*, une référence en matière de politique aux États-Unis, a recueilli l'avis de 72 responsables et militants démocrates et républicains en Iowa et au New Hampshire. La performance d'Hillary a été louée dans un camp comme dans l'autre. Oui, même une majorité de républicains a réagi positivement. «J'ai été, honnêtement, très impressionné, a confié un haut responsable du Parti républicain, cité par *Politico*. Elle a toujours été perçue comme étant froide. Je pense que ça contribue à la rendre plus chaleureuse avant l'élection.»

Parmi tous les candidats démocrates et républicains à la présidence, Hillary a été la première à rendre public son bilan de santé.

La santé et l'âge des candidats à la Maison-Blanche, aux États-Unis, sont tout sauf des sujets tabous. Aussi n'est-il pas étonnant de voir de nombreuses interventions publiques – souvent issues des rangs républicains – à ce sujet quand on parle d'Hillary. La candidate démocrate a célébré son 68e anniversaire le 26 octobre 2015. Si elle est élue, elle aura 69 ans lorsqu'elle fera son entrée à la Maison-Blanche en janvier 2017. Seul le républicain Ronald Reagan avait atteint un âge aussi vénérable lorsqu'il est devenu président des États-Unis.

En juillet 2015, trois mois avant de souffler ses 68 chandelles, question de dissiper tout doute possible sur sa forme physique, elle a rendu public l'avis de son docteur. Elle a été la première de tous les candidats – démocrates et républicains confondus – à prendre pareille initiative. « Elle se trouve dans une condition physique excellente et est bonne pour le service en tant que présidente des États-Unis », a-t-on indiqué dans cette évaluation écrite.

La santé de la politicienne démocrate était tout particulièrement devenue un enjeu depuis sa commotion cérébrale, en décembre 2012. On avait appris la nouvelle par voie de communiqué. Hillary, qui était à la maison souffrant d'un virus gastrique, « s'est déshydratée et s'est évanouie, subissant une commotion cérébrale », avait indiqué un de ses conseillers. L'affaire a fait d'autant plus de bruit que la secrétaire d'État devait se présenter devant le Congrès américain cinq jours plus tard pour un témoignage attendu sur l'attentat terroriste perpétré contre le consulat américain à Benghazi, en Libye, quelques mois plus tôt. Deux semaines après sa commotion cérébrale, elle était de nouveau hospitalisée, cette fois pour une thrombose. Un caillot de sang s'était formé dans

Hillary Clinton se met à l'écoute des électeurs de l'Iowa, en avril 2015.

une veine «entre le cerveau et le crâne», a-t-on spécifié. Elle a été traitée avec des anticoagulants et a pu terminer son mandat de secrétaire d'État au début de l'année 2013, avant d'être remplacée comme prévu par John Kerry. Ses ennuis de santé ont rapidement été cités par des républicains cherchant à discréditer la politicienne démocrate. Au premier chef, Karl Rove, stratège républicain de renom et architecte des deux victoires de George W. Bush. Il a insinué quelques mois plus tard qu'Hillary avait des «lésions cérébrales traumatiques». Ce qui a, bien sûr, rapidement été nié et dénoncé par l'entourage de la politicienne. Y compris par Bill Clinton. «Elle s'entraîne toutes les semaines, a-t-il précisé. Elle est forte. Elle va bien. Je dirais même qu'elle est en meilleure forme que moi!»

Notons que si Bill effectue un retour à la Maison-Blanche en tant que premier époux présidentiel de l'histoire du pays, il battra lui-même un record. Jamais la douce moitié de l'occupant de la Maison-Blanche n'a franchi le cap des 70 ans, âge de l'ex-président depuis août 2015. Barbara Bush, épouse de George Herbert Walker Bush, avait 67 ans lorsqu'elle a quitté la Maison-Blanche à l'issue du mandat de son mari.

DEVINEZ MON ÂGE

Associez chaque chiffre correspondant au candidat à la Maison-Blanche

72, 46, 47, 69, 72

RONALD REAGAN
(RÉPUBLICAIN)
Quand il a été élu
président en 1980

BILL CLINTON
(DÉMOCRATE)
Quand il a été élu
président en 1992

BOB DOLE
(RÉPUBLICAIN)
Quand il a été battu
par Bill Clinton en 1996

JOHN MCCAIN
(RÉPUBLICAIN)
Quand il a été battu par
Obama en 2008

BARACK OBAMA
(DÉMOCRATE)
Quand il a été élu
président en 2008

Réponses : Barack Obama : 47 ans ; John McCain : 72 ; Bob Dole : 72 ; Bill Clinton : 46 ; Ronald Reagan : 69.

93

**Hillary a 32 ans de plus que l'homme
qui gère sa campagne.**

On le décrit comme un *geek* qui préfère son ordinateur aux
feux des projecteurs. Vous courez plus de chance de le voir
devant une base de données que devant une caméra. Il a eu
36 ans en décembre 2015. Tout, a priori, distingue Robby Mook
d'Hillary. Pourtant, c'est à ce jeune homme discret que la
candidate a confié la gestion de sa campagne. Et ce n'est pas
une coïncidence.

Dès l'arrivée d'Hillary au département d'État, ses proches
collaborateurs ont compris qu'elle avait tiré au moins une
leçon importante de sa débâcle en 2008 : l'équipe de Barack
Obama l'avait supplantée sur le plan de l'utilisation des
nouvelles technologies à des fins électorales. Comment, par
exemple, envoyer des messages ciblés à certains électeurs en
utilisant diverses bases de données pour mieux les connaître.
Ou comment arriver à convaincre plus efficacement les partisans de faire des dons via Internet. Ou encore comment mettre
en lien divers électeurs et les pousser à faire campagne en
votre nom.

Une fois devenue diplomate en chef des États-Unis, Hillary a
mis en place une petite équipe de jeunes prodiges dans le but
de faire passer ses outils diplomatiques à l'ère numérique.

L'idée de confier la gestion de sa campagne à Robby Mook
découle de la même logique. Le jeune homme avait été chargé
d'orchestrer la campagne d'Hillary en 2008 dans une poignée
d'États (Nevada, Ohio et Indiana). À l'aide de sa maîtrise des
bases de données et de ses aptitudes d'organisateur, il a permis
à Hillary de vaincre Barack Obama dans chacun de ces trois
États.

Le jeune homme n'est toutefois pas seul à la tête de l'organisation d'Hillary. Il partage les plus hautes fonctions avec un

Avant d'être utilisée pour illustrer son compte Twitter, cette photo d'Hillary Clinton tenant son Blackberry a fait l'objet d'un blogue viral sur Tumblr, en 2012.

vieux routier de la politique américaine, John Podesta. Ce sexagénaire était chef de cabinet de Bill Clinton de 1998 à 2001. Il a aussi fait ses preuves au sein de l'administration de Barack Obama. Il a d'abord dirigé l'équipe de transition du politicien démocrate avant son arrivée à la Maison-Blanche pour ensuite devenir son conseiller en 2014 et en 2015.

Dans le but de trouver la combinaison gagnante, Hillary a d'ailleurs repêché d'autres membres clés de la campagne de son ancien rival, incluant Joel Benenson, son sondeur, et Jim Margolis, que la candidate a embauché comme conseiller aux relations avec les médias.

Sur papier, Hillary semble avoir fait les choix qui éviteront l'implosion de son équipe de campagne telle que vécue jadis. Mettre sur pied une équipe performante et compétente est un des premiers tests majeurs pour quiconque aspire à la présidence américaine.

Les candidats sont forcés de passer un autre test important lorsque leur équipe connaît des ratés. La politicienne démocrate l'avait échoué en 2008. Si sa machine de guerre n'est pas bien huilée en 2016, elle devra cette fois réagir fermement, rapidement, avec efficacité.

94

**Pour être élue, Hillary mise sur son nouveau statut…
de grand-mère!**

Fin septembre 2014, la fille d'Hillary et de Bill Clinton, Chelsea, annonce la naissance de son bébé: Charlotte Clinton Mezvinsky. Hillary est grand-mère! «L'expérience la plus formidable» de sa vie, dira la politicienne. Formidable sur le plan personnel, mais aussi sur le plan politique, semblent penser ses stratèges.

Peu de temps après, ils ont prouvé qu'ils considèrent que le nouveau statut de la politicienne fait partie de son arsenal de campagne. À la suite d'une controverse sur l'utilité des vaccins dans les rangs des candidats républicains à la Maison-Blanche, on a vu apparaître ce gazouillis sur le fil Twitter d'Hillary: «La science est claire: la Terre est ronde, le ciel est bleu et les vaccins fonctionnent. Protégeons tous nos enfants.» Comme c'est souvent le cas sur ce réseau social, un mot-clic avait été ajouté au message de moins de 140 caractères: #GrandmothersKnowBest (les grand-mères ont raison).

Le ton était donné. Pour devenir la première commandante en chef des États-Unis, Hillary n'hésitera pas à rappeler, question entre autres d'avoir l'air plus humaine, qu'elle serait aussi la première grand-maman en chef du pays.

Au fil des semaines, on entendra à nouveau parler, ponctuellement, de son nouveau statut, notamment lors de conversations menées avec des Américains rencontrés d'un bout à l'autre du pays.

Lors de son *road trip* inaugural en Iowa, par exemple, cela prit la forme d'une référence aux jeunes qui, comme sa petite-fille, grandissent en sol américain. «Je veux que tous les enfants dans ce pays aient leur chance et c'est l'une des principales raisons pour lesquelles j'ai décidé d'être candidate», a-t-elle dit.

Hillary et Bill Clinton souhaitent la bienvenue à leur petite-fille Charlotte, le 27 septembre 2014.

Ses déclarations ont parfois été plus explicites. «Je veux que tous les enfants de notre pays, pas seulement la petite-fille d'un ex-président et d'une ex-secrétaire d'État, puissent avoir la chance d'utiliser le potentiel qui leur a été offert par Dieu», a aussi déclaré Hillary lors d'un autre discours.

Elle a aussi plusieurs fois raconté publiquement que pendant son séjour à l'hôpital lors de l'accouchement de Chelsea, une infirmière l'avait interpellée pour la remercier de s'être prononcée en faveur de congés de maternité rémunérés!

Cela dit, avant qu'Hillary annonce officiellement sa candidature à la présidence, des médias s'étaient mis à spéculer: et si l'arrivée de bébé Charlotte brouillait les cartes? Et si la politicienne décidait de dire non à un retour en politique pour s'occuper du poupon? D'autres journalistes ont pour leur part fait un peu d'introspection et se sont mis à se demander si poser de telles questions n'était pas un brin sexiste. Ce à quoi l'humoriste Jon Stewart, avec tout le sarcasme qu'on lui connaît, a rétorqué: «Bien sûr que ce n'est pas sexiste... Bien que cette question n'ait jamais, absolument jamais été posée à un candidat masculin. Jamais! Nom de Dieu!» Il a ensuite rappelé qu'une telle question n'a jamais été soulevée au sujet du candidat républicain Mitt Romney en 2012. Il est pourtant papa de cinq garçons qui ont, ensemble, pas moins d'une vingtaine de jeunes enfants.

UN GRAND DISCOURS

Hillary a prononcé, de façon symbolique, le premier grand discours de sa campagne sur une île portant le nom d'un ancien président démocrate. Lequel ?

ANDREW JACKSON

WOODROW WILSON

FRANKLIN D. ROOSEVELT

HARRY S. TRUMAN

JOHN F. KENNEDY

Réponse : Roosevelt Island, sur l'East River, tout près de Manhattan, dans l'État de New York.

Hillary est très riche.

Comment convaincre l'Américain moyen qu'on représentera avec ardeur ses intérêts si on est millionnaire ? Tout un défi... que certains candidats (dont Mitt Romney en 2012) ont été incapables de relever au fil des ans. Hillary y arrivera-t-elle ? Car force est de constater qu'elle est riche. Très riche. Hillary et Bill étaient endettés lorsqu'ils ont quitté la Maison-Blanche, mais ils sont aujourd'hui millionnaires. Principalement grâce aux discours qu'ils ont prononcés ces dernières années. Le point, en chiffres, sur leur fortune.

139 millions

Revenus du couple Clinton de 2007 à 2014, soit en moyenne plus de 17 millions par année.

43,8 millions

Somme versée par le couple Clinton en impôts de 2007 à 2014. Le taux d'imposition a varié au fil des ans. Il était de 35,7 % en 2014.

10,8 %

Pourcentage des revenus du couple qui ont été utilisés pour des dons de bienfaisance, soit quelque 15 millions de dollars entre 2007 et 2014.

9,7 millions

Somme reçue par Hillary en 2013 pour avoir prononcé 41 discours, soit en moyenne plus de 235 000 $ par allocution.

12 millions

Somme reçue par Hillary pour 51 discours prononcés en 2014 et au début de l'année 2015 (avant d'annoncer sa candidature à la présidence).

275 000 $

Montant reçu par Hillary pour son discours à la Chambre de commerce du Montréal métropolitain en mars 2014.

5 millions

Somme reçue par Hillary en 2014 pour ses mémoires (*Le temps des décisions*) publiés cette année-là.

★ **97** ★

L'utilisation d'une adresse courriel privée par Hillary lorsqu'elle était secrétaire d'État est venue la hanter dès le début de sa campagne.

On a souvent eu l'impression, au fil des ans, que le couple Clinton s'estimait dans une classe à part. Qu'Hillary et Bill pensaient parfois qu'ils pouvaient échapper aux règles s'appliquant au commun des mortels.

Cette désagréable impression a refait surface au début de l'année 2015, quelques semaines avant le lancement officiel de la campagne de la candidate démocrate. Le lundi 2 mars, le *New York Times* a publié une nouvelle renfermant les germes d'un scandale qui, mois après mois, aura le même effet sur Hillary qu'une blessure mal soignée chez un sportif. Plus le temps passera, plus ce sera douloureux.

Qu'a fait Hillary? Elle a utilisé uniquement une adresse privée plutôt que celle fournie par le gouvernement américain pendant toute la durée de son mandat comme secrétaire d'État, ce qui est très inhabituel pour un membre du cabinet du président. Elle souhaitait éviter d'avoir un compte pour ses messages personnels et un autre pour les courriels professionnels, a-t-elle prétexté.

Selon le quotidien new-yorkais, à l'époque où elle est devenue diplomate en chef, le département d'État exigeait simplement que ses employés communiquent à l'aide d'un ordinateur dont l'usage a été « autorisé » par le gouvernement. La politique a été modifiée quelques mois plus tard. On a spécifié que les utilisateurs d'une adresse de messagerie privée devaient veiller à ce que les messages en lien avec le travail soient archivés par le département d'État.

C'est ici que ça se complique. Hillary n'a pas, initialement, demandé à ce qu'on archive quoi que ce soit au sein du gouvernement américain. Toutes ses correspondances étaient conservées dans un serveur privé, situé dans sa maison dans l'État de New York jusqu'en 2013.

Prendre une telle décision quand on est la diplomate en chef des États-Unis et qu'on sait très bien qu'on a de bonnes chances de vouloir briguer la présidence américaine, c'est un peu l'équivalent de conduire à 150 km/h sans ceinture de sécurité.

Au début de l'année 2015, avant que cette affaire soit mise au jour, le département d'État a dû réclamer les courriels d'Hillary liés à son travail. L'affaire s'est alors compliquée encore un peu plus. C'est que le nombre de courriels expédiés et reçus par la secrétaire d'État s'est chiffré à 62 320. Ce sont ses employés qui ont fait le tri pour transmettre au département d'État 30 490 courriels jugés pertinents.

Ce faisant, ils ont effacé 31 830 messages sous prétexte qu'il s'agissait de communications personnelles. Hillary, qui était assise sur un baril de poudre depuis qu'elle avait choisi d'utiliser exclusivement une messagerie personnelle, venait d'en allumer la mèche. Ils ont toutefois pu être récupérés… par le FBI, ont rapporté plusieurs médias américains.

Car à l'été 2015, les enquêteurs du FBI ont dû ouvrir une enquête pour vérifier si des renseignements « classifiés » ont pu être transmis via le compte personnel d'Hillary. La principale intéressée se dit « convaincue » que ce n'était pas le cas.

Rapidement, elle a été contredite, notamment par le FBI. Ceci étant, le département d'État a précisé qu'aucune indication ne permettait de savoir que les courriels en question contenaient des informations confidentielles. Qui plus est, des spécialistes interrogés par le *New York Times* ont estimé qu'elle semble n'avoir commis aucun acte illégal dans toute cette histoire, que d'aucuns ont surnommée « emailgate ».

Rappelons qu'au début de l'année 2015, les ténors du Parti républicain déchiraient encore leurs chemises sur la place publique au sujet de l'attaque contre la mission diplomatique libyenne de Benghazi en 2012. C'est une commission du Congrès mise sur pied pour faire la lumière sur cette affaire qui a découvert que le département d'État n'avait pas archivé de façon automatique les courriels d'Hillary. Les républicains ont alors crié – encore plus – au complot, se disant convaincus que la politicienne avait dissimulé certaines de ses conversations relatives à ce drame.

« J'ai choisi d'utiliser un compte personnel de messagerie pour des raisons pratiques », a prétexté Hillary en mars, peu après la mise au jour du scandale par le *New York Times*. Ne lui en déplaise, sa décision lui a, au contraire, compliqué la vie. Et elle a remis à l'ordre du jour une question que bon nombre d'Américains se posèrent à son sujet à plusieurs reprises au cours de sa carrière : peut-on lui faire confiance ?

La Clinton Foundation alimente les doutes sur l'honnêteté d'Hillary.

Donner: comment chacun de nous peut changer le monde.
C'est le titre d'un livre publié par Bill Clinton en 2007 pour exhorter ses concitoyens à s'investir et à partager ce qu'ils possèdent, temps ou argent. Il a rédigé cet essai en toute connaissance de cause. Peu de temps après la fin de son second mandat à la Maison-Blanche, en 2001, il avait lancé la Clinton Foundation pour «continuer à défendre la planète contre la pauvreté, la maladie, la guerre et le réchauffement climatique».

Une fondation qui a effectué un travail remarquable sur le terrain et qui lui a permis de devenir le plus populaire des ex-présidents américains encore vivants. Hillary, ne voulant pas être en reste, a décidé de se joindre aux efforts de son mari après ses quatre années passées au département d'État. C'était en 2013. La Bill, Hillary & Chelsea Clinton Foundation est née.

Aujourd'hui, elle compte plus de 2 000 employés et un budget annuel de plus de 200 millions de dollars. Elle se targue d'avoir donné un coup de pouce à plus de 430 millions de personnes aux quatre coins de la planète.

Sur papier, l'objectif est on ne peut plus noble. Le hic, c'est qu'Hillary Clinton a pratiquement toujours été en politique active depuis les débuts de la fondation. Et que, par conséquent, le potentiel de conflits d'intérêts est élevé. Très élevé.

Les critiques au sujet de la fondation fusent de toutes parts depuis le jour où la politicienne démocrate a annoncé qu'elle se lançait pour la première fois dans la course à la Maison-Blanche. Elles ont repris de plus belle lorsqu'elle est devenue secrétaire d'État. La fondation a alors dû rendre publique la liste de tous ses donateurs, par souci de transparence. Une liste où se retrouvaient des pays qui n'ont que du mépris pour les droits de la personne, au premier chef l'Arabie saoudite, ce qui n'a pas manqué de soulever une autre controverse.

Les accusations ont pris de l'ampleur dès qu'Hillary a annoncé qu'elle briguait une deuxième fois l'investiture du Parti démocrate. D'autant plus qu'un essai fouillé, intitulé *Clinton Cash*, a apporté de l'eau au moulin des détracteurs de la candidate.

L'auteur, Peter Schweizer, n'est pas neutre. On a déjà fait appel à ses services pour la rédaction de discours du président George W. Bush. Il a de plus travaillé comme conseiller en relations internationales pour l'ex-candidate à la vice-présidence des États-Unis, Sarah Palin. Ses dénonciations ont néanmoins fait mal à la candidate démocrate.

Dans son livre, qui est devenu un best-seller dès sa publication, en mai 2015, il allègue que certains des donateurs de la fondation ou des commanditaires des discours de Bill Clinton n'étaient pas désintéressés. Qu'ils courtisaient en fait Hillary, membre clé de l'administration Obama, dans le but d'obtenir les faveurs du gouvernement américain.

L'auteur allègue, par exemple, que lorsque la banque canadienne TD a versé 1,8 million à Bill Clinton pour des discours prononcés de 2008 à 2011, elle le faisait dans l'espoir de convaincre la Maison-Blanche de donner le feu vert au projet d'oléoduc Keystone XL. C'est qu'elle était actionnaire de la compagnie qui souhaitait construire le pipeline. Les allégations ont rapidement et vigoureusement été niées par la banque. Et finalement, en novembre 2015, Barack Obama a rejeté le projet. Cela étant, les nombreuses apparences de conflit d'intérêts liées à la fondation alimenteront néanmoins pendant longtemps les doutes au sujet de l'honnêteté d'Hillary.

Pour devenir présidente, Hillary fait face à des défis qui ressemblent à s'y méprendre aux obstacles qu'a dû surmonter… la reine des neiges!

Séparées à la naissance, Hillary et Elsa? C'est ce qu'estime la célèbre chroniqueuse du *New York Times* Maureen Dowd. Elle a tiré cette conclusion à la suite d'une entrevue accordée par Hillary à Diane Sawyer du réseau ABC, à l'été 2014. La politicienne participait à cette émission pour mousser les ventes de ses mémoires, *Le temps des décisions*. Parmi les sujets abordés : son manque de spontanéité et d'authenticité. Il n'en fallait pas plus pour inspirer Maureen Dowd. Elle a comparé la candidate démocrate à l'héroïne d'un des films d'animation les plus populaires de l'histoire. Une comparaison qui a, bien sûr, ses limites mais qui est intéressante pour plusieurs raisons.

D'abord parce ce que le couronnement d'Hillary n'a pas eu lieu comme prévu, à l'instar de celui d'Elsa qui devait devenir reine d'Arendelle mais n'accèdera pas au trône car ses pouvoirs magiques (elle peut maîtriser tant la glace que la neige), mis au jour, effraient les habitants de son royaume. La candidate démocrate, pour sa part, pensait qu'elle allait devenir aisément candidate du Parti démocrate à la présidence en 2008. C'était sans compter sur l'émergence de Barack Obama…

Ensuite parce qu'Elsa et Hillary doivent toutes deux faire leurs preuves, aux yeux du public.

Lorsque la princesse effectue sa première sortie publique, à la suite de la mort de ses parents, son royaume au grand complet se met à craindre ses pouvoirs. Elle devra convaincre ses citoyens qu'elle peut être la reine qui saura faire prospérer Arendelle. Hillary, politicienne hors du commun, fait face à un défi similaire si elle veut devenir présidente en 2016, explique Maureen Dowd : peut-elle « se montrer humaine et faire naître une vraie chaleur dans le cœur du public ? »

Pour y arriver – et c'est là où la comparaison de la journaliste sonne le plus juste –, Hillary, tout comme Elsa, devra dévoiler sa vraie nature une fois pour toutes. Dans le film, la princesse cesse de dissimuler ses pouvoirs magiques. Elle affirme ne plus vouloir se soucier « de ce que les autres diront ». « Le passé est passé ! Désormais, plus rien ne m'arrête. Libérée. Délivrée. Plus de princesse parfaite. Je suis là. Comme je l'ai rêvé », chante-t-elle. Et au final, ça marche ! C'était ce qu'il lui fallait faire !

Hillary a toujours souffert du même problème. En entrevue, la journaliste Diane Sawyer lui fait remarquer que ses apparitions publiques semblent toujours trop « scénarisées et prudentes ». La politicienne explique que la circonspection est de mise pour une femme qui sait qu'elle sera « constamment jugée », tant pour ce qu'elle dit que pour ce qu'elle porte. Du même souffle, toutefois, elle dit avoir tourné la page sur ce passé trop scénarisé. « Je pense que j'ai changé, affirme-t-elle. Je ne m'inquiète plus autant de ce que les autres pensent. » L'issue de sa campagne dépend potentiellement de la justesse de cette affirmation. Une Hillary « libérée, délivrée », donc plus authentique, aura bien moins de mal à convaincre ses concitoyens qu'elle peut être la présidente qui fera prospérer les États-Unis. Ce qui serait, à bien y penser, un scénario digne d'un film d'Hollywood !

Hillary excelle lorsqu'elle est au pied du mur.

« La morale de (l'histoire de David et Goliath) s'applique aux luttes contre toutes sortes de géants : les puissants ne sont pas toujours aussi forts qu'ils paraissent », a écrit l'essayiste Malcolm Gladwell dans son plus récent ouvrage, consacré aux batailles qui semblent perdues d'avance.

« Mû par son courage et sa foi, David s'est élancé vers Goliath, qui ne l'a pas vu venir. Le géant a été abattu parce qu'il était trop grand, trop lent et qu'il avait la vue trop brouillée pour comprendre comment les choses avaient tourné », rappelle-t-il.

Il y a un lien à faire entre cette histoire narrée dans la Bible et... la première campagne à la Maison-Blanche d'Hillary. Rétrospectivement, le problème principal de la politicienne en 2008 était qu'elle devait jouer le rôle de Goliath pendant qu'Obama, lui, se retrouvait dans la position de David. La course entre les deux a permis de constater que la candidate démocrate est au mieux lorsqu'elle est au pied du mur, poussée dans ses derniers retranchements.

Après avoir mordu la poussière lors des caucus de l'Iowa, première étape de la course, les analystes ne donnaient plus cher de sa peau. Pourtant, à partir de ce moment où tout semblait perdu, elle a refait surface tel un boxeur qui est projeté au tapis après le premier round, mais se relève et tient son adversaire dans les cordes jusqu'à la toute fin du combat.

On n'a véritablement su ce qu'elle avait dans le ventre que lorsqu'elle a été en difficulté.

L'architecte de la campagne victorieuse de Barack Obama, David Axelrod, était aux premières loges. Il a été frappé par ce revirement et par la détermination d'Hillary. Quelques années plus tard, le *New York Times* lui a demandé ce que la politicienne devait faire pour gagner en 2016. Il a fait référence à sa quasi-résurrection en 2008, laissant entendre

Hillary Clinton renoue avec les électeurs du New Hampshire au printemps 2015.

qu'elle devra en tout temps se battre comme elle l'a fait à partir du moment où ce n'est plus elle que les sondages donnaient gagnante.

« Elle a trébuché, en 2007, quand elle a été coincée par le fait que son triomphe semblait inévitable, a-t-il déclaré. Elle a été une très bonne candidate, en 2008, après avoir été malmenée. Plutôt qu'un navire de guerre, elle est devenue un bateau de course. Elle est revenue sur terre et, à mon avis, elle a véritablement su créer des liens avec les électeurs de la classe moyenne et avec ceux qui étaient en difficulté. »

Le défi est de taille. La course à la Maison-Blanche est une lutte de tous les instants qui s'étire sur de nombreux mois. Cela dit, Hillary était cette fois dès le départ, en quelque sorte, au pied du mur. Car il n'y aura pas de troisième essai. L'élection présidentielle du 8 novembre 2016 est son ultime chance de devenir la première présidente des États-Unis.

BIBLIOGRAPHIE

Même si nous avons couvert la carrière d'Hillary Clinton au cours du dernier quart de siècle pour le journal *La Presse,* nous avons dû consulter de nombreux livres et articles et effectuer plusieurs entrevues pour compléter notre recherche. Le travail des journalistes des quotidiens américains *The New York Times* et *The Washington Post* ainsi que celui des journalistes de l'Agence France Presse nous ont été d'une aide précieuse. Côté essais, c'est sans contredit la biographie publiée par le journaliste américain Carl Bernstein (l'un des deux reporters à la source du scandale du Watergate), publiée en 2008, qui aura été la plus fiable et la plus exhaustive quant à la vie de la politicienne avant son arrivée à la Maison-Blanche – avec son époux – en 1993. Les mémoires d'Hillary Clinton (en deux tomes) ont aussi été essentiels à notre recherche. Voici les autres ouvrages de référence dignes de mention, qui nous ont tous été utiles.

ALLEN, Jonathan et Amie PARNES. *HRC: State Secrets and the Rebirth of Hillary Clinton.* Crown Publishers, 2014.

AXELROD, David. *Believer: My Forty Years in Politics.* Penguin Press, 2015.

BALZ, Dan et Haynes JOHNSON. *The Battle for America 2008, the Story of an Extraordinary Election.* Viking, 2009.

BEDELL SMITH, Sally. *Hillary & Bill : dans les coulisses de la Maison-Blanche.* L'Archipel, 2008.

BERNSTEIN, Carl. *Hillary Clinton : une femme en marche.* Éditions Baker Street, 2008.

BRANCH, Taylor. *Bill Clinton : les enregistrements secrets.* Flammarion, 2009.

CLINTON, Bill. *Ma vie.* Éditions Odile Jacob, 2004.

CLINTON, Hillary. *Il faut tout un village pour élever un enfant.* Éditions Denoël, 1996.

CLINTON, Hillary. *Mon histoire.* Librairie Arthème Fayard, 2003.

CLINTON, Hillary. *Le temps des décisions : 2008-2013.* Librairie Arthème Fayard, 2014.

GERGEN, David. *Eyewitness to Power.* Touchstone, 2000.

GERTH, Jeff et Don VAN NATTA JR. *Her Way: The Hopes and Ambitions of Hillary Rodham Clinton.* Little, Brown and Company, 2007.

GHATTAS, Kim. *The Secretary, a Journey with Hillary Clinton from Beirut to the Heart of American Power.* Times Books, 2013.

GLADWELL, Malcolm. *David et Goliath.* Les Éditions Transcontinental, 2014.

HEILEMANN, John et Mark HALPERIN. *Race of a Lifetime.* Penguin Books, 2010.

HÉTU, Richard et Alexandre SIROIS. *Sexe, fric et vote, les clés de la Maison-Blanche.* Éditions La Presse, 2012.

KLEIN, Joe. *The Natural: The Misunderstood Presidency of Bill Clinton.* Broadway Books, 2002.

MANN, James. *The Obamians: The Struggle Inside the White House to Redefine American Power.* Viking, 2012.

MARANISS, David. *First in His Class: A biography of Bill Clinton.* Simon & Schuster, 1995.

QUÉMÉNER, Tangi. *Dans les pas d'Obama, au cœur du pouvoir américain.* JC Lattès, 2012.

ROTH, Philip. *La Tache.* Gallimard, 2002.

SANGER, David E. *Obama : guerre et secrets.* Belin, 2012.

SHEEHY, Gail. *Hillary's Choice.* Random House, 1999.

STEPHANOPOULOS, George. *Dans l'ombre de Clinton, une éducation politique.* Éditions Générales First, 1999.

WOODWARD, Bob. *Les guerres d'Obama.* Éditions Denoël, 2010.

SOURCES DES PHOTOGRAPHIES

8 : US Department of State.

23 : en haut : Facebook d'Hillary Clinton ; en bas : Facebook d'Hillary Clinton / archives de la famille Clinton.

24 : Library of Congress.

27 : William J. Clinton Presidential Library.

30 : Althea Gibson (1956) : Library of Congress Prints and Photographs Division ; Bette Davis (1940) : RKO Radio (domaine public); Rachel Carson (vers 1930) : National Digital Library of the United States Fish and Wildlife Service; Margaret Chase (1943), Betty Friedan (1960) : Library of Congress Prints and Photographs Division.

39 : Wellesley College Archives (domaine public).

40 : *Time, Newsweek, Life, Readers Digest* : Library of Congress.

47 : Charles F. Palmer / Wikimedia Commons.

56 : Chelsea Brown, Chelsea (ancien arrondissement de Londres), Chelsea (quartier de New York) : Wikimedia Commons ; album *Clouds* de Joni Mitchell (chanson Chelsea Morning) : numérisation ; guitare : Wikimedia Commons.

76 : Library of Congress.

77 : Barbara Bush, Pat Buchanan : Library of Congress ; William Safire, Sally Quinn : Wikimedia Commons ; Bob Tyrrell : image d'une vidéo de YouTube.

79 : The William J. Clinton Presidential Library.

96 : *It Takes a Village : And Other Lessons Children Teach Us* : Wikimedia Commons.

98 : US Department of State.

99 : en haut et en bas : US Department of State.

115 : White House.

116 : Eleanor Roosevelt (1932), Abigail Adams : United States Library of Congress Prints and Photographs Division ; Jacqueline Kennedy (1961) : National Archives and Records Administration ; Dolley Madison (1973) : University of Texas at Austin (domaine public) ; Michelle Obama (2009) : White House; Hillary Clinton : US Department of State ; Lady Bird Johnson (1962) : White House ; Betty Ford (1974), Martha Dandridge Custis Washington (entre 1840 et 1890) : United States Library of Congress Prints and Photographs; Rosalynn Carter (2010) : White House.

118 : United States Congress.

120 : William H. Seward : Library of Congress ; Theodore Roosevelt : National Archives and Records Administration ; Robert Wagner : Library of Congress ; Robert F. Kennedy, Daniel Patrick Moynihan : United States Senate Historical Office.

134 : Wikimedia Commons.

142 : Archives nationales néerlandaises (domaine public).

144 : Céline Dion, Adele, Sarah McLachlan : Wikimedia Commons ; Shania Twain : Facebook de Shania Twain.

151 : en haut et en bas : Wikimedia Commons.

154 : Wikimedia Commons.

179 : Hillary Clinton : US Department of State.

181 : Facebook d'Hillary Clinton (photo tirée d'une vidéo).

184 : Facebook d'Hillary Clinton.

185 : Ronald Reagan, Bill Clinton : Executive Office of the President of the United States ; Bob Dole : Library of Congress ; John McCain, Barack Obama : United States Congress.

187 : Twitter d'Hillary Clinton.

189 : Executive Office of the President of the United States.

190 : Andrew Jackson (1845), Woodrow Wilson (1919), Franklin D. Roosevelt (1933), Harry S. Truman (1945) : Library of Congress ; John F. Kennedy (1961) : White House Press Office.

200 : Facebook d'Hillary Clinton.

REMERCIEMENTS

Merci à nos patrons et collègues de *La Presse* qui nous ont permis, au fil des ans, de couvrir les hauts et les bas d'Hillary Clinton. Merci aussi à toute l'équipe des Éditions La Presse et tout particulièrement, sur le plan graphique, à Célia Provencher-Galarneau. Pour leurs critiques constructives et leur collaboration au produit fini, un grand merci à Paul-Émile Lévesque, à Jean-Sébastien Mercier, à Alexandre Robillard et à Benoit Thibault. Sans le soutien et les encouragements de Geneviève, de Thomas, d'Arthur, de Marie-Noël, d'Olivier et d'Éloïse, un tel projet n'aurait pas été possible : un immense merci. Enfin, des remerciements incontournables à Philippe Tardif, graphiste et ami, avec qui nous avons mené ce projet du début à la fin. La facture visuelle à la fois soignée et novatrice de cet ouvrage est la preuve de son grand talent.

This post is not for persons who have been too afraid to ever begin anything that would expand their possibilities. But rather this is a post for those who have for whatever reason have disengaged. Get back in there!!!! This is your day! This is your season!

Grace & Peace!

Bishop Alvarado